R

01·실재형

10대를 위한

홀랜드·유형별

유망
직업
사전

이영석, 강서희, 오규찬, 오지연, 한승배, 현선주 지음

(주)삼양미디어

"선생님! 저는 제가 뭘 좋아하는지 모르겠어요."

이 말은 학과나 진로 탐색 과정에서 학생들이 자주 하는 질문입니다. 이 질문의 해결 방법을 찾기 위해 많은 학교나 단체에서 진로심리검사를 합니다. 진로심리검사에는 흥미나 적성, 가치관 등을 알아보는 여러 검사가 있지만 대부분의 중·고등학교에서는 학생의 흥미를 알아보는 홀랜드 검사를 많이 실시하고 있습니다.

홀랜드 검사는 사람의 성격과 흥미 특성을 6가지 유형으로 구분하고, 이와 관련된 직업을 선택할 수 있게 한 검사입니다. 물론 홀랜드 검사를 했다고 해서 자신의 흥미를 다 알게 되거나 나아갈 분야를 곧바로 결정할 수 있는 것은 아닙니다. 때론 뜻밖의 검사 결과가 나와 '내가 이런 흥미가 있었나?' 생각하게 될 때도 있습니다. 검사 결과를 무조건 믿고 따르는 것도 좋은 방법은 아닙니다. 그렇다면 진로심리검사가 의미가 없는 걸까요? 그렇지는 않습니다. 검사를 하는 과정에서 자신에 대해 좀 더 생각해 보게 되고, 검사 후에는 나온 결과를 바탕으로 진로를 탐색하는 과정을 거치도록 동기를 부여하기 때문입니다.

진로심리검사는 참고 자료로 보는 것이 좋습니다. 중요한 것은 검사 결과를 보는 것이 진로 탐색 과정의 '끝'이 아니라 '시작'이라는 것입니다. 하지만 많은 학생들은 자신의 흥미 유형과 추천 직업을 확인하고는 그냥 지나쳐 버립니다. 정작 흥미와 관련한 직업을 알아보는 진로 탐색 활동을 하지 않고 있습니다. 수업이나 진로 상담을 통해 관련 직업을 살펴보기도 하지만 시간이 부족하여 깊이 있게 다루지 못하는 한계가 있습니다.

대안으로 학생들에게 책을 추천하려고 해도 홀랜드 유형으로 직업을 구분하여 설명한 책은 찾기가 어렵습니다. 홀랜드 유형으로 직업을 구분해야 해당 유형의 직업을 다양하게 살펴볼 수 있고 2, 3순위로 나온 유형과 관련한 직업도 함께 탐색할 수 있습니다. 이러한 문제를 조금이나마 해결하기 위해 진로 선생님들이 모여 '홀랜드 유형별 유망 직업 사전'을 쓰게 되었습니다.

이 책에는 홀랜드 검사의 6가지 유형별로 유망 대표 직업 20개를 뽑아 총 **120개**의 직업을 안내하고 있습니다. 해당 직업이 어떤 직업인지, 하는 일은 무엇인지, 필요한 능력은 무엇인지, 미래의 직업 전망은 어떠한지, 어떤 자격증이 있어야 하는지 등을 상세히 풀어놓았습니다. 또 그 직업인이 되는 경로인 **'커리어 패스'**도 있어서 **진학 설계**에 도움을 받을 수 있고, 직업과 연관성이 큰 대학의 대표 학과에 대한 소개도 상세히 넣었습니다. 무엇보다 "이 분야로 가려면 중·고등학교 시절부터 뭘 준비해야 하나요?"라는 물음에 답할 수 있도록 '학교생활 포트폴리오'에 동아리·봉사·독서 활동, 교과 공부, 교외 활동 시 준비할 것을 정리하였습니다. **'학교생활 포트폴리오'**를 통해 **'학교생활기록부'**를 잘 관리한다면 **'학생부 종합전형'**을 대비하는 데 많은 도움이 될 것입니다.

'진로'나 '꿈'이 곧 '직업'은 아닌데 꿈을 이루기 위한 수단인 '직업'에 주목하다 보면 직업이 인생의 '목표'나 '꿈'이 되어 버리거나 생각의 폭이 좁아질 수 있다는 우려도 있습니다. 맞는 말입니다. 그럼에도 '직업'에 관심을 가지는 것은, 학생들은 '꿈'을 쉽게 체감할 수 없고 먼 미래의 일이라 생각하여 자신의 꿈을 위해 체계적으로 준비하지 못하는 경우가 많기 때문입니다.

자신의 진로를 결정하는 데 도움이 되는 방법은 여러 가지가 있지만 무엇보다 자신이 직접 겪은 경험만큼 확실한 것은 없습니다. 의미 있는 시행착오를 겪을수록 자신의 진로를 분명하게 알 수 있습니다. 학생들에게 꿈을 직업으로 정했을 때의 문제와 한계를 알게 하고, 그럼에도 직업으로 접근하는 이유를 제대로 알린다면 크게 걱정할 필요는 없다고 생각합니다.

끝으로, 이 책이 자신의 진로를 찾아 행복한 삶을 살아가는 데 조금이나마 도움이 된다면, 나아가 진로 탐색의 길잡이 역할을 할 수 있다면 더할 나위 없겠습니다.

지금 이 순간에도 자신의 진로에 대한 건강한 고민을 하고 있을 수많은 학생 여러분! 여러분의 꿈을 응원합니다.

– 저자 일동

구성과 특징
COMPOSITION

1 관련 학과
해당 직업에 대한 관련 학과 정보를 표시된 페이지를 통해 자세히 알아볼 수 있습니다.

2 직업의 세계
해당 직업과 관련 있는 사진이나 삽화로 흥미를 가질 수 있도록 하였으며, 직업의 특성을 쉽게 이해할 수 있게 관련 분야의 지식, 뉴스, 통계 등을 다양하게 활용하여 서술하였습니다.

3 그것이 알고 싶다
해당 직업에 대해 궁금함을 가질만한 내용이나 상식으로 알아두면 좋은 내용을 소개하였습니다.

4 하는 일
해당 직업이 하는 일이 무엇인지 쉽게 이해할 수 있도록 설명하였습니다.

5 관련 있는 직업
해당 직업과 관련 있는 분야의 다른 직업을 간략하게 소개하였습니다.

6 필요한 능력
해당 직업을 가지기 위해 필요한 지식, 성향, 능력 등이 무엇인지 알 수 있도록 설명하였습니다.

7 관련 학과 및 자격증
해당 직업과 관련된 대학의 학과와 직업을 가지는 데 도움을 주는 자격증이나 면허 등을 소개하였습니다.

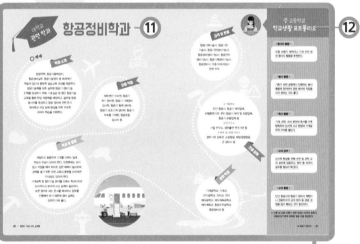

8 직업 전망

해당 직업의 현재 상황과 앞으로의 전망을 사회 변화, 경제 상황, 기술 발전 등을 고려하여 설명하였습니다.

9 TIP

본문과 관련하여 추가 설명이 필요한 내용이나 용어 등을 설명하였습니다.

10 커리어 패스

해당 직업을 가지기 위한 고등학교와 대학교 진학 및 이후 진로를 상세히 소개하였으며, 이를 한눈에 이해할 수 있도록 그림과 함께 각 단계별로 설명하였습니다.

11 대학교 관련 학과

해당 직업과 관련 있는 대학교의 학과를 소개하였습니다. 학과에 적합한 적성 및 흥미, 자격 및 면허, 진출 가능한 직업, 진출 가능한 직장의 분야 등을 상세히 소개함으로써 직업과 학과를 폭넓게 이해할 수 있게 구성하였습니다.

12 학교생활 포트폴리오

해당 분야의 직업인이 되기 위해 중 · 고등학교에 다니면서 준비하면 좋은 여러 활동들을 소개하여 진학 및 취업에 도움을 줄 수 있도록 하였습니다.

01 홀랜드 검사란?

세상에는 수많은 직업이 있고, 사람들은 다양한 직업에 종사하며 살아갑니다. 그런데 직업을 가진 사람들 중에서 자신이 정말 원하는 직업을 갖고 있는 경우는 의외로 드물다고 합니다. 자신의 적성과 능력에 잘 맞는 직업을 선택하여 살아간다면 즐겁게 일할 수 있고, 능력을 발휘할 기회도 많아져서 삶 자체가 더욱 행복해질 수 있겠지요. 그렇지만 자신의 적성과 흥미에 맞는 직업이 무엇인지를 아는 일은 쉽지 않습니다. 이럴 때 도움을 받을 수 있는 것이 적성 검사나 흥미 검사입니다. 이러한 검사를 통해 자신이 좋아하고 관심 있는 분야에 대해 알 수 있고, 자신의 성격과 장점을 보다 잘 파악할 수 있습니다.

오늘날 진로와 적성을 탐색하는 검사 방법이 많이 개발되어 있는데, 그중에 이 책에서 소개하고자 하는 것은 홀랜드 검사 방법입니다.

홀랜드 검사는 미국의 저명한 심리학자 존 홀랜드가 사람의 직업적 성격 이론에 근거하여 만든 진로 및 적성 탐색 검사입니다. 홀랜드 검사에서는 이 세상에 존재하는 모든 직업을 특성이나 종사하는 사람들의 성격에 따라 6개의 유형으로 구분하고 있으며, 6가지 진로 유형을 'RIASEC 유형'이라고 합니다. RIASEC은 R형(Realistic, 실재형), I형(Investigative, 탐구형), A형(Artistic, 예술형), S형(Social, 사회형), E형(Enterprising, 기업형), C형(Conventional, 관습형)의 앞 글자를 딴 용어입니다.

• **존 홀랜드(John L. Holland, 1919~2008)** 미국 존스홉킨스 대학 심리학과 명예교수로서 진로 발달 및 선택 이론인 홀랜드 직업 적성 검사를 개발했습니다. 그가 개발한 '직업적 성격 이론'은 개인의 성격과 직업적 환경과의 상호 연관성에 바탕을 두고 확립되었으며, 이 이론은 현재 전 세계의 진로 발달 및 상담 학계에서 가장 많이 이용되고 있습니다.

그의 저서 〈직업의 선택(Making Vocational Choices)〉은 진로 상담 부문에서 최고의 책으로 인정받고 있으며, 고트프레드슨과 함께 출간한 〈직업코드사전(DHOC)〉을 통하여 직업사전에 있는 거의 모든 직업을 홀랜드 코드화하였습니다. 이러한 공로를 인정받아 1995년에는 미국심리학회에서 수여하는 '저명한 학자로서의 학술상'을 받았습니다.

그의 검사 중 특히 홀랜드 SDS(Self Directed Search, 자기탐색검사)가 가장 널리 인정받고 있으며, 그 밖에 NEO 청소년성격검사, NEO 성인성격검사 등도 많이 이용되고 있습니다.

02 홀랜드 검사의 직업 유형 6가지

홀랜드 검사에서는 6가지 유형을 기본으로 하여 검사 결과에서 가장 많이 나타나는 두 가지 유형을 자신의 성격 유형 및 진로 코드로 정합니다(예 SC형). 왜냐하면 한 사람의 성격과 흥미를 한 가지 유형으로 단정할 수 없기 때문입니다. 경우에 따라 세 가지 유형을 묶어서 표현할 수도 있습니다(예 SCA형). 검사 결과에서 가장 많은 유형을 제1유형, 그 다음으로 제2유형, 제3유형이 결정됩니다.

실재형 (R)

성격·적성 말이 적고 운동을 좋아함 / 신체적 활동을 좋아하고 소박하고 솔직함 / 성실하며 기계적 적성이 높음

대표 직업 건축공학 기술자, 애완동물 미용사, 재료공학 기술자, 항공기 정비사, 방사선사, 선장(항해사), 전기공학 기술자, 스포츠 트레이너, 비파괴검사원, 산업공학 기술자, 경호원, 기계공학 기술자, 피부관리사, 토목공학 기술자, 동물 조련사, 전자공학 기술자, 기상 캐스터, 데이터베이스 개발자, 치과 기공사, 조선공학 기술자

관습형 (C)

성격·적성 책임감이 있고 빈틈이 없음 / 조심성이 있고 변화를 좋아하지 않음 / 계획성이 있으며 사무 능력과 계산 능력이 높음

대표 직업 스포츠 마케터, 식품 공학 기술자, 약사, 웹 마스터, 전자 상거래 전문가, 정보 보호 전문가, 통신 공학 기술자, 투자 분석가, 항공 교통 관제사, 헤드헌터, 환경 컨설턴트, 회계사, 감정 평가사, 관세사, 네트워크 엔지니어, 물류 관리사, 법무사, 변리사, 보험 계리사, 세무사

탐구형 (I)

성격·적성 탐구심이 많고 논리적이며 분석적임 / 합리적이며 지적 호기심이 많고 수학적·화학적 적성이 높음

대표 직업 가상현실 전문가, 게임 프로그래머, 나노 공학 기술자, 디지털 포렌식 수사관, 빅데이터 전문가, 사이버 범죄 수사관, 생명 공학 연구원, 생물학 연구원, 손해사정사, 수의사, 에너지 공학 기술자, 응용 소프트웨어 개발자, 자동차 공학 기술자, 정보 보안 전문가, 증강현실 전문가, 천문학자, 항공우주 공학 기술자, 해양 공학 기술자, 화학 공학 기술자, 환경 공학 기술자

What's your DREAM?

기업형 (E)

성격·적성 지도력과 설득력이 있음 / 열성적이고 경쟁적이며 이상적임 / 외향적이고 통솔력이 있으며 언어 적성이 높음

대표 직업 검사, 경기 심판, 교도관, 국제회의 전문가, 국회 의원, 기자, 도선사, 마케팅 전문가, 방송 작가, 소믈리에, 스포츠 에이전트, 아나운서, 여행 안내원, 영화감독, 외환 딜러, 카레이서, 통역사, 판사, 펀드 매니저, 항공기 조종사

예술형 (A)

성격·적성 상상력과 감수성이 풍부함 / 자유분방하며 개방적임 / 예술적 소질이 있으며 창의적 적성이 높음

대표 직업 공연 기획자, 광고 디자이너, 메이크업 아티스트, 뮤지컬배우, 바리스타, 보석 디자이너, 사진작가, 성우, 쇼핑 호스트, 시각 디자이너, 웹툰 작가, 이미지 컨설턴트, 일러스트레이터, 자동차 디자이너, 작곡가, 컴퓨터 그래픽 디자이너, 큐레이터, 패션 코디네이터, 푸드 스타일리스트, 플로리스트

사회형 (S)

성격·적성 다른 사람에게 친절하고 이해심이 많음 / 남을 잘 도와주고 봉사적임 / 인간관계 능력이 높으며 사람들을 좋아함

대표 직업 노무사, 미술 치료사, 범죄 심리 분석관, 상담 전문가, 소방관, 안경사, 언어 치료사, 웃음 치료사, 웨딩 플래너, 유치원 교사, 음악 치료사, 응급 구조사, 임상 심리사, 작업 치료사, 장례 지도사, 직업 상담사, 파티 플래너, 한의사, 호스피스, 호텔 컨시어지

◑ 홀랜드의 RIASEC 모형

목차
CONTENTS

01 R 건축공학 기술자

관련 학과
건축공학과
16쪽

1. 건축공학 기술자의 세계

건물을 짓는 일을 하는 건축가는 인류 문명과 함께 시작한 오래된 직업 중 하나다. 기록상 최초의 건축가는 이집트 조세르왕의 계단 피라미드군을 설계한 임호텝(Imhotep)으로 나일 강의 쉬지 않는 흐름을 보고 연속성과 영원함을 건축을 통해 표현했다. 이것이 나중에 이집트 피라미드의 원형이 되었다.

이렇게 설계를 하고 재료를 이용하여 구조물을 만드는 것을 건설이라고 하며, 건설 분야는 건축과 토목으로 나뉜다. 건축은 우리가 사는 집이나 학교, 빌딩 등과 같이 사람이 살아가는 건물을 만드는 분야이다. 이에 반해 토목은 도로, 다리, 철도, 상하수도 등 사람이 생활하는데 필요한 기반 시설을 만드는 분야이다.

예를 들어 학교를 짓는다고 하면 우선 토목 공사를 하여 건물을 세울 부분의 땅을 고르게 하고, 학교로 들어갈 수 있는 도로를 내며, 물을 쓸 수 있도록 상하수도 공사를 한다. 토목 공사를 통해 기반 시설이 마련되면 건축가가 건축 공사를 하여 학교를 건설하게 된다.

건축가라는 이름은 르네상스 때부터 사용했는데 이 시대의 건축가들은 건축뿐만 아니라 조각, 미술, 과학 같은 다양한 분야에서 활동을 하였다. 〈다비드 상〉으로 유명한 미켈란젤로 부오나로티, 〈모나리자〉를 그린 레오나르도 다 빈치도 건축가였다.

건축가를 뜻하는 'architect'의 어원은 'archi-tekton'으로 'archi'는 '큰(大)'을 의미하고, 'tekton'은 '기술자'를 의미한다. 해석하면 '큰 기술자'로, 종합적으로 계획하고 만드는 기술자를 말한다.

현대의 건축물은 갈수록 규모가 커지고 기술이 복잡해지면서 설계부터 완공까지 건축가가 혼자 하기에는 큰 어려움이 있다. 따라서 건축도 다른 분야처럼 일을 세분화하여 작업하게 되었으며, 건축물을 실제로 만드는 것은 건축공학 기술자가 담당하게 되었다.

그것이 알고싶다 마리나 베이 샌즈의 기울기는 얼마나 될까?

마리나 베이 샌즈(Marina Bay Sands)는 싱가포르 마리나 베이에 인접한 종합 리조트 호텔이다. 미국의 모셰 사프디(Moshe Safdie)가 설계하고 우리나라의 쌍용건설이 시공하였으며, 세계적 구조설계회사인 아룹사 관계자가 세계에서 가장 어려운 프로젝트라고 할 정도로 시공 과정이 어려웠던 건축물이다.

형태는 카드 두 장이 서로 기대어 있는 모양으로 생긴 건물 3개를 옥상에서 배 모양의 스카이 파크가 연결하고 있다. 스카이 파크는 길이가 에펠탑보다 20m가 더 긴 343m이고, 크기는 축구장 2배 정도 되며 무게는 6만 톤이 넘는다. 건물의 기울기는 최고 52도로 피사의 사탑보다 10배 정도 기울어졌으며 23층(70m)에서 두 개의 건물이 만난다.

2. 건축공학 기술자가 하는 일

지휘자가 악보를 파악하고 연주자들을 조율하여 멋진 음악을 연주하게 하는 것처럼 건축공학 기술자는 건축사가 설계한 도면(설계도)을 보고 현장의 많은 기술자들과 함께 건물을 실제로 만드는 역할을 한다. 건축공학 기술자는 공사 기간, 시공 방법, 인력, 건축 자재, 건설 기계 등을 고려해서 건물을 잘 지을 수 있는 좋은 방법을 설계한다.

설계도를 보고 실제 공사를 하기 위해 공사 일정과 시공 방법을 계획한다.

공사 방법이 적절한지 비교 분석하고 가장 좋은 방법을 찾는다.

구조 설계를 하고 건축물 시공과 관련해서 전체적인 관리와 감독을 한다.

품질 관리를 위해 건물 구조체와 재료에 대해 시험하고 검사한다.

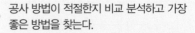
건축공학 기술자

설계에 따라 공사가 제대로 되는지 감독하고 기술적인 문제를 해결한다.

시공을 위해 공사 관계자에게 작업을 지시하고, 안전사고를 예방하는 등 인력을 관리한다.

견적서를 작성하거나 원가를 관리하는 등의 업무를 한다.

　　건축은 아무것도 없는 공간에서 사람들을 위한 새로운 공간을 창조하는 일이기 때문에 건축공학 기술자는 스스로의 만족감과 자부심이 큰 편이다. 기념비적인 건축물을 만드는 경우에는 역사에 이름을 남길 수도 있고, 완성한 건축물 안에서 사람들이 즐거워할 때의 보람도 크다. 하지만 건축 공사 현장은 언제나 안전사고의 위험에 노출되어 있어 유의해야 한다.

　　근무 시간은 아침 일찍부터 시작하는 경우가 많고 퇴근은 보통 오후 5시이지만 공사 기간 안에 건축물을 완성하기 위해 늦게까지 일하는 경우도 있다. 현장 근무의 특성상 일정 기간 공사 현장에서 근무하며, 공사 기간이 끝나면 다른 지역의 공사 현장으로 옮겨 일을 해야 한다.

 건축공학 기술자와 관련 있는 직업

　　건축공학 기술자는 건축물을 만드는 과정에서 건축물을 계획 · 설계하는 건축사, 건축물이 무너지지 않도록 구조설계를 담당하는 건축구조설계 기술자, 건축물의 시공을 관리 감독하는 건축시공 기술자, 건축물의 전기, 급 · 배수, 가스, 통신 설비를 설계 · 시공하는 건축설비 기술자, 건축물이 설계한 대로 시공되는지 확인하는 건축 감리사, 건축물을 만드는 데 사용하는 재료의 품질을 측정하고 검사하는 건설재료품질 시험원, 건설 현장에서 직접 건축물을 만드는 건설 기능공, 건축물을 만드는 데 드는 비용을 계산하는 건설 견적원(적산원), 건축물의 내부 환경을 기능과 용도에 맞게 세세하게 설계하는 인테리어 디자이너(실내 건축가), 조경을 설계하고 시공하는 조경 기술자, 한 개의 건축물이 아닌 재개발이나 신도시 건설처럼 단지 및 도시를 계획하고 설계하는 도시계획 기술자 등과 같은 여러 분야의 전문가들과 함께 일한다.

3. 건축공학 기술자에게 필요한 능력

업무에 필요한 능력을 보면 2차원의 도면을 통해 3차원의 공간을 생각하는 공간 지각력이 필요하다. 기존에 없던 건축물의 경우 새롭게 만드는 방법을 생각해 내야 하기 때문에 창의력도 있어야 하며, 시공과 관련한 업무가 많아 구조역학이나 건축재료(설비) 등 공학적 지식은 필수이다. 또한 여러 분야의 기술자들과 협력하여 일을 하고 근로자들을 관리 · 감독하여 마감일까지 공사를 마무리해야 하기 때문에 리더십과 대인 관계 능력이 중요하다.

4. 건축공학 기술자와 관련된 학과 및 자격증

- **관련 학과:** 건설 · 환경공학과, 건축토목공학과, 건축토목학과, 해양건설공학과, 건축설비공학과, 건축학부(건축공학전공), 도시건축공학부, 건설시스템공학부, 공간환경시스템공학부 등
- **관련 자격:** 건축산업기사 · 기사, 건설안전산업기사 · 기사 · 기술사, 건설재료시험산업기사 · 기사, 건축설비산업기사 · 기사, 건축구조기술사, 건축시공기술사, 건축기계설비기술사, 건축전기설비기술사, 건축품질시험기술사, 건축물에너지평가사, 건설사업관리사(민간 자격)

 건축공학과와 건축학과의 차이점

건축공학과는 설계안을 실제로 만들기 위한 건축 구조, 시공, 환경, 설비 기술을 배우는 학과이고, 건축학과는 건축 설계(디자인)에 대해 중점적으로 배우는 학과이다. 대학에서 건축공학과를 비롯한 대부분의 학과는 4년제이나 설계를 전공하는 건축학과의 경우 5년제 교육 체제를 가진다. 과거에는 4년제였으나 5년제로 바뀐 이유는 우리나라가 WTO 가입과 건축 분야 서비스 시장 개방 등으로 국제 사회의 건축사 기준에 맞추었기 때문이다. 국제 사회에서는 최소 5년간의 대학 교육을 건축사 자격 요건으로 두고 있다.

 기능사, 산업기사, 기사, 기술사의 자격 요건

한국산업인력공단에서 관리하는 국가기술자격제도는 자격 단계마다 응시 자격 조건이 있다. 자격 단계는 기능사, 산업기사, 기사, 기술사 순으로 기능사는 자격제한이 없으나 산업기사

는 관련 학과(2, 3년제 대학교 이상) 졸업 예정자이거나 기능사 취득 후 실무 경력이 1년 이상
되어야 한다. 기사는 관련 학과(4년제 대학교 이상) 졸업 예정자이거나 산업기사 취득 후 실무
경력 1년 혹은 기능사 취득 후 실무 경력 3년 이상이다. 기술사는 보통 기사 취득 후 실무 경
력 4년 이상 혹은 산업기사 취득 후 실무 경력 5년, 기능사 취득 후 실무 경력 7년 이상이다.

한편 건축사는 기술사와 다르게 국토교통부에서 관리하는 면허증이다. 5년제 건축대학 졸
업 후, 3년 이상 실무 수련을 받은 사람만 건축사 자격시험에 응시가 가능하다.

5. 건축공학 기술자의 직업 전망

국내 건설 시장은 1990년대에 초고속 성장을 했으나 1990년대 말부터 계속 성장하
지 못하고 머물러 있다. 저출산 고령화로 인하여 앞으로 가구 수는 더 줄어들 전망이다.
이에 건축공학 기술자의 수요는 현재 상태를 유지하거나 다소 감소할 것으로 예상된다.
하지만 건축한 지 30년이 넘은 아파트 등 오래된 건물에 대한 리모델링(remodeling, 낡
은 건축물의 기본 골조는 그대로 두고 내부와 시설을 완전히 뜯어고치는 일) 수요와 도심을 되
살리는 도시 재생 사업의 증가에 따라 건축물의 구조 진단이나 보강 업무와 관련한 인력
수요가 생길 것으로 예상하고 있다. 전반적으로 건설 시장은 과거 신축 위주에서 유지
보수 위주로 변화할 전망이다.

그것이 알고싶다 건물을 건축하지 않고 '출력'한다?

의료나 자동차뿐만 아니라 건축 분야에서도 3D 프린터를 이용하면서 건물을 짓는 방식이
획기적으로 변화하고 있다. 설계도를 컴퓨터에 입력하면 3D 프린터의 헤드가 움직이면서 잉
크 대신 콘크리트를 뽑아내고 이것을 층층이 쌓아 올려 건물을 출력한다. 3D 프린터 건축은
건물 전체를 현장에서 한 번에 뽑아내는 방식과 공장에서 건물을 여러 부분으로 나눠서 출력
한 뒤에 현장에서 조립하는 방식이 있다.

2015년에 중국의 한 기업은 4대의 3D 프린터로 하루 만에 집 열 채를 지었는데 산업 폐기
물을 재료로 사용하여 한 채당 가격이 560만 원 정도였고 1층뿐만 아니라 6층짜리 빌라도 만
들었다. 2016년에는 러시아 기업이 현장에 3D 프린터를 설치하여 주택을 하루 만에 건설하
였고, 2019년에는 네덜란드에서 3D 프린터로 주택 단지를 만들 예정이다.

3D 프린터 건축은 기존의 방식보다 공사 기간을 70% 정도, 인건비를 80% 정도 절약할 수
있어서 경제적이다. 산업 폐기물을 재활용하고 건축 과정에서 나오는 폐기물도 적어 친환경
적이다. 또한 만들기 어려운 모양도 쉽게 지을 수 있어서 다양한 디자인이 가능하다는 장점이
있다.

건축공학 기술자

건축공학 기술자가 되기 위해서는 일반적으로 대학(4년제)이나 전문대학에서 건축공학과, 건축학과, 건설공학부와 같은 건축 관련 학과를 전공하거나, 특성화고에서 건축 관련 과를 졸업하고 건설 현장에서 실무 경력을 쌓는다. 건축공학 기술자가 되는데 자격증이 필수는 아니지만 대학을 졸업할 때 대부분 건축기사 자격증을 딴다.

취업은 보통 건설 회사나 건축엔지니어링 회사, 공공기관 등에 한다. 기술직 공무원 시험을 합격하면 건축 관련 기술직 공무원으로도 일할 수 있다. 대학원에 진학하여 석사 이상의 학력을 가지면 정부 연구기관이나 민간 연구소 등에서 연구 개발과 관련한 일을 하게 된다.

건설 현장에서 4년 이상 실무 경력을 쌓으면 기술사 시험에 응시할 수 있다. 보통은 건축시공기술사를 많이 취득하고, 경력과 실력을 쌓아 시공의 전반적인 과정을 관리 및 감독하는 건축감리 기술자가 될 수도 있다.

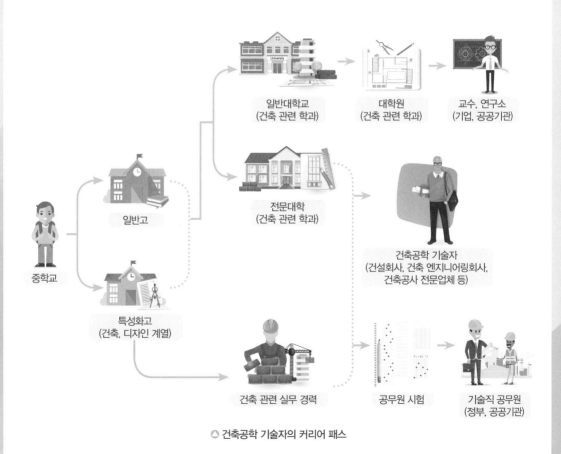

◐ 건축공학 기술자의 커리어 패스

건축공학과

학과 소개

건축물을 세우는 데 필요한 건축 설계, 구조, 시공, 환경, 건설경영 분야의 전문 지식을 연구하는 학문으로 산업 현장에 적합한 건축 전문 인력을 양성하는 학과이다.

진출 직업

건축공학 기술자, 건축구조 기술자, 건축시공 기술자, 건축감리 기술자, 건축설비 기술자, 건축안전 기술자, 빌딩정보모델링(BIM) 전문가, 리모델링 컨설턴트, 건설자재 시험원, 건설 견적원(적산원), 건축직 공무원, 공학계열 교수, 공업계열 중등교사, 건설구조 연구원, 건설시공 연구원, 건설 코디네이터, 건축 감리원, 건축구조설계 기술자, 공사견적 관리자, 그린빌딩인증 컨설턴트, 그린빌딩인증 평가 전문가, 빌딩정보 모델링 전문가, 친환경건설 연구원, 녹색건축인증 심사원, 건설 코디네이터 등

적성 및 흥미

기본적으로 수학과 과학에 흥미가 있고 소질이 있으면 건축공학을 배우는 데 도움이 된다. 또한 컴퓨터를 활용하는 작업이 많아 컴퓨터 활용 능력도 필요하다. 공간에 대해 호기심이 있고 새롭게 만드는 것에 흥미가 있으며 다른 사람과 소통하고 공감하는 능력이 있는 학생이라면 더욱 좋다.

관련 학과

건설및환경공학과, 건축토목공학과, 건축토목학과, 해양건설공학과, 건축설비공학과, 건축학부(건축공학전공), 도시건축공학부, 건설시스템공학부, 공간환경시스템공학부 등

자격 및 면허

★국내 자격★

전산응용건축제도기능사, 건축산업기사 · 기사,
건설안전산업기사 · 기사 · 기술사,
건설재료시험산업기사 · 기사, 건축설비산업기사 · 기사,
건축구조기술사, 건축시공기술사, 건축기계설비기술사,
건축전기설비기술사, 건축품질시험기술사, 건설안전기술사,
건축물에너지평가사, 건설사업관리사(민간 자격) 등

★해외 자격★
프로젝트관리전문가(PMP),
빌딩정보모델링(BIM)기술자 등

진출 분야

★기업체★
건설회사, 건설사업관리회사, 감리전문회사,
컨설팅회사, 구조 · 설비엔지니어링회사, 건설
ICT 관련 회사, 건축자재회사, 신재생에너지 전문회사,
부동산개발 및 자산관리회사 등
★정부 및 공공기관★
정부투자기관, 기술직 공무원 (중앙행정기관, 자치행정기관),
공기업, 준정부기관, 기타 공공기관 등
★연구소★
국공립연구기관, 정부출연연구기관(경제인문사회계,
과학기술계, 지방자치 단체 출연), 민간 연구소,
건설품질검사 전문기관 등
★학계 · 교육계★
특성화고등학교, 대학

★동아리 활동★

건축 관련 동아리나 답사 동아리 활동을 통해 전공과 관련한 여러 경험을 쌓는 것이 중요하다.

★봉사 활동★

공공기관에서 건축과 관련한 봉사 활동을 하거나 소통과 공감하는 능력을 키울 수 있는 활동을 권장한다.

★독서 활동★

건축은 종합 예술이므로 건축 분야의 책뿐만 아니라 심리, 인문, 예술 분야의 책도 읽으면 좋다. 또한 건축 관련 잡지 구독도 도움이 된다.

★교과 공부★

수학, 과학을 잘 하는 것이 중요하다. 수업 시간에 의사소통 능력과 창의력, 분석력을 발휘할 수 있게 적극적으로 참여하면 더욱 좋다.

★교외 활동★

건축 관련 체험 활동, 전시회 및 박람회 참가 등을 통해 건축에 대한 다양한 경험을 쌓는다.

※ 수학, 물리, 기술 · 가정 교과 관련 수상 경력이나 외부에서 주관하는 건축 관련 공모전 경력도 도움이 된다.

02 애완동물 미용사

관련 학과
애완동물과
24쪽

1. 애완동물 미용사의 세계

현재 우리는 반려동물 1,000만 시대에 살고 있다. 어림잡아 국민의 5명 중 1명은 반려동물과 함께 살고 있는 셈이다. 반려동물이 이렇게 늘어난 이유는 저출산과 고령화 등으로 핵가족화가 진행되고, 1인 가구가 빠르게 증가하면서 커지는 정서적인 외로움을 사람이 아닌 반려동물로 대신하기 때문이다. 반려동물을 통해 정서적으로 위안을 얻고 교감하면서 반려동물을 가족처럼 여기는 펫팸족이 크게 늘고 있다.
PET(반려동물)과 FAMILY(가족)의 합성어로, 반려동물을 가족처럼 여기는 사람들을 말함

반려동물과 함께 펫팸족이 늘어나면서 반려동물과 관련한 시장 규모도 폭발적으로 성장하고 있다. 반려동물과 관련한 시장 규모는 2012년 9,000억 원에서 2019년 3조 원을 넘어 2027년에는 6조 원에 이를 것으로 전망된다.

반려동물 시장이 커지면서 반려동물의 사료도 고급화되어 홍삼 성분을 넣은 사료까지 등장하였고, 겨울에도 수영이 가능한 사계절 실내수영장과 반려동물 전용 호

텔도 생겼다. 뿐만 아니라 반려동물을 실어 나르는 펫택시, 반려동물 가구를 판매하는 펫퍼니싱, 반려동물 다이어트 서비스, 반려동물 적금 상품까지 나오는 등 펫코노미
PET(반려동물)과 ECONOMY(경제)의 합성어로, 반려동물과 관련한 시장이나 산업
(petconomy)가 빠르게 성장하고 있다.

반려동물 관련 방송인 펫방도 인기가 높아지면서 반려동물이 보고 즐기는 방송 채널도 생기고, 반려동물의 모습을 보여주는 유튜브인 펫튜브도 크게 증가하여 국내 유명 펫튜브의 경우 구독자 수가 246만 명에 이르고 있다. 이처럼 반려동물 관련 산업이 다양화되면서 반려동물에 대한 미용과 청결 유지뿐만 아니라 의상과 액세서리 등 스타일 컨설팅까지 관련 산업이 확대 발전하고 있다.

애완동물 미용사는 애완동물의 미용과 청결을 담당하는 전문가이다. 애완동물 미용사를 '애견 미용사'라고도 하는데, 미용 대상이 대부분 개이기 때문이다. 한편 애완동물 미용사는 털을 깎는데 쓰는 기계 트리머(trimmer)를 많이 사용하기 때문에 '펫트리머'라고 부르기도 한다.

 Tip⁺ **애완동물과 반려동물**

과거에는 사람들이 즐거움을 위해 동물을 기른다고 해서 애완동물(pet animal)이라는 말을 주로 썼다. 하지만 이제는 사람의 장난감이 아니라 같이 삶을 나누고 살아간다는 의미로 반려동물(companion animal)이라는 표현이 대중화되고 있다. 동물을 '기른다'는 생각보다는 자식이나 가족이라고 여겨 '키운다'라고 하거나 '함께 산다'고 말하는 경우도 많아졌다. 다만 아직까지 반려동물을 소유물이라고 생각해 싫증이 나면 쉽게 버리는 일들이 생겨 사회적 문제가 되고 있다.

2. 애완동물 미용사가 하는 일

애완동물 미용사는 애완동물에 대한 전문 지식을 가지고 애완동물의 털을 깎거나 다듬고, 목욕, 귀 청소 등 미용과 청결을 담당하는 전문가이다. 애견 미용은 크게 펫(pet) 미용과 쇼(show) 미용으로 나눌 수 있다. 펫 미용은 보통 개들의 일반적인 미용을 말하고, 쇼 미용은 견

종의 특성을 가장 잘 가진 개를 뽑는 대회인 도그쇼에 참가하는 개를 대상으로 하는 미용을 말한다.

고객과 상담 후 애완동물의 스타일과 작업 방법을 정한다.

털을 깎는 기구인 트리머, 클리퍼, 가위 등으로 털을 깎고 다듬는다.

애완동물을 목욕시키고 수건과 드라이어로 털을 말린 후 빗질을 하여 다듬는다.

애완동물 미용사

염색이 필요한 경우 색상과 부위 등을 고객과 상담 후 진행한다.

애완동물의 청결을 유지하고 질병을 예방하기 위한 관리 방법을 조언한다.

도그쇼와 같은 행사에 참가하는 애완동물을 돋보이게 하기 위해 스타일을 관리한다.

애완동물 미용사는 미용한 모습을 보고 고객이 만족하고 기뻐하거나 관리해준 반려견이 도그쇼와 같은 대회에서 좋은 성적을 얻었을 때 큰 보람을 느낀다. 애완동물 미용사가 주로 접하는 반려견을 기준으로 보면 하루에 보통 3~5마리, 많으면 8마리 정도 손질을 한다. 털을 깎고 목욕 후 말리기까지는 숙련 정도에 따라 한 마리에 1~2시간 정도 걸린다.

미용 작업을 하는 동안 계속 서서 일하기 때문에 육체적으로 힘든 경우가 있고, 몸집이 크거나 성격이 사나운 반려동물을 만나면 작업하는 데 힘이 더 많이 들고 어렵다. 또한 작업 중에 물거나 할퀴는 반려동물이 있어서 주의해야 한다.

 애완동물 미용사와 관련 있는 직업

애완동물 미용사와 비슷하게 반려동물을 돌보고 관리하는 직업에는 마사지를 통해 부상당한 동물의 회복을 돕거나 스트레스를 줄이고 컨디션을 좋게 해주는 동물 마사지사, 주인을 대신하여 반려동물을 일정 시간동안 돌봐주는 펫 시터(반려동물 돌보미), 동물의 사료와 간식을 연구 개발하고 영양 관리를 담당하는 펫 영양관리사(동물 영양사), 반려동물에게 산책과 놀이를 통해 운동을 시키고 사회성을 길러주는 펫 워커(반려동물 운동사), 도그쇼에 출전하는 애견을 관리하고 조정하는 애견 핸들러, 애견 전용 유치원에서 애견의 사회성을 길러주고 애견을 훈련시키거나 놀이를 돕는 애견유치원 교사, 수의사의 진료를 보조하고 동물을 간호하는 동물간호 복지사(수의 테크니션, 수의사 보조원) 등이 있다.

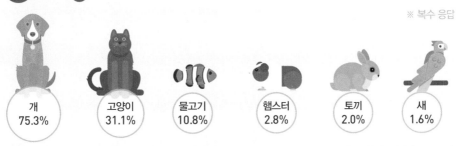

그것이 알고싶다 우리나라에서 많이 키우는 반려동물은 무엇일까?

※ 복수 응답

개	고양이	물고기	햄스터	토끼	새
75.3%	31.1%	10.8%	2.8%	2.0%	1.6%

출처: 2018 반려동물보고서(KB금융지주 경영연구소, 2018)

3. 애완동물 미용사에게 필요한 능력

애완동물 미용사는 늘 동물과 함께하기 때문에 무엇보다 동물에 대한 애정이 있어야 한다. 이와 함께 동물의 상태를 파악하기 위하여 동물에 대한 지식이나 특성을 알고 있어야 미용적인 면에서 단점을 보완하고 장점은 살릴 수 있다. 미용은 기본적으로 아름다움을 추구하는 일이기 때문에 미적 감각과 섬세함을 갖추면 도움이 된다. 미용을 하는 동안 동물이 잘 따르도록 관리하는 기술과 함께 교감하는 능력이 요구된다. 오랜 시간 동안 서서 일하고 덩치가 큰 동물을 다루기도 하기 때문에 강인한 체력과 함께 끈기도 필요하다.

4. 애완동물 미용사와 관련된 학과 및 자격증

- **관련 학과:** 애완동물학부 애견미용전공, 애완동물관리과, 애완동물과 등
- **관련 자격:** 현재 국가공인 자격증은 없으며, 민간 자격증에는 반려견스타일리스트 1~3급 · 사범(한국애견협회), 애견미용사 1~3급 · 교사 · 사범(한국애견연맹) 등이 있다.

5. 애완동물 미용사의 직업 전망

　　1인 가구 증가, 저출산, 고령화로 인하여 반려동물을 가족으로 여기고 정서적으로 교감을 하는 가구가 많아지면서 반려동물의 수가 급격하게 늘어나고 있다. 반려동물의 증가로 펫코노미에서 큰 비중을 차지하는 미용 시장도 커지고 있고, 펫코노미가 성장하면서 애완동물 미용사의 활동영역도 기존의 동물병원, 애완동물 미용실뿐만 아니라 반려동물과 함께 쇼핑할 수 있는 백화점, 카페 등으로 확대되고 있다. 애견미용의 경우 그동안 위생이나 관리 측면이 대부분이었지만 이제는 미적인 측면도 강조되어 애견미용 분야도 넓어지고 있기 때문에 애완동물 미용사의 수요는 늘어날 것으로 보인다. 하지만 반려동물 미용 시장의 경우 경쟁이 치열하고, 대기업까지 뛰어들면서 소규모로 개업을 하기에는 어려운 상황이다. 따라서 전체적으로 보면 애완동물 미용사의 수요는 현 상태를 유지할 것으로 전망된다.

 반려동물 관련 새로운 직업

- 반려동물 사진작가: 반려동물을 모델로 사진을 찍는 전문가
- 반려동물 패션 디자이너: 반려동물의 옷을 디자인하는 의류 디자이너
- 반려동물 장례 지도사: 반려동물의 장례 주관 등 관련 업무를 함
- 반려동물 행동 교정사: 반려동물의 문제 행동을 파악해 교정
- 번식 전문가: 전문적인 연구를 통해 좋은 품종의 동물을 길러 분양

애완동물 미용사

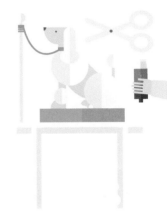

미용사는 자격증을 취득한 후 면허를 발급 받아야 일을 할 수 있으나 애완동물 미용사의 경우는 아직 특별한 자격조건이 없다. 보통은 사설 애견미용학원에서 양성과정을 1년 정도 배우고 애견미용 분야 2급 자격증을 취득하여 애완동물 미용사로 일을 한다. 또한 동물병원이나 애견 전문 미용실에서 미용보조원으로 활동하면서 기술을 배워 일을 하기도 한다. 또 다른 방법은 애완동물 관련 학과가 있는 특성화 고등학교에 입학하거나 전문대학에서 애완동물 미용 관련 학과를 전공하는 것이다. 다만 애완동물 미용이 아닌 애완동물 관련 학과를 전공하면 애완동물에 대한 전반적인 내용을 배우게 되어 애완동물 미용을 하기에는 경험이 부족할 수 있다.

애완동물 미용사에게 자격증이 꼭 필요하지는 않지만 자격증이 있으면 전문적으로 활동하는 데 도움이 된다. 보통 학원에서 양성과정을 6개월 정도 배우면 3급 자격증, 1년 정도 배우면 2급 자격증 취득이 가능하다. 자격증 취득 후 대부분 동물병원에서 일을 하고 애완동물 전문점이나 애견 전문 미용실, 애견 카페, 애견 센터, 동물보호시설 등에 취업한다. 경력을 쌓은 후에는 직접 애견 전문 미용실을 창업할 수도 있다.

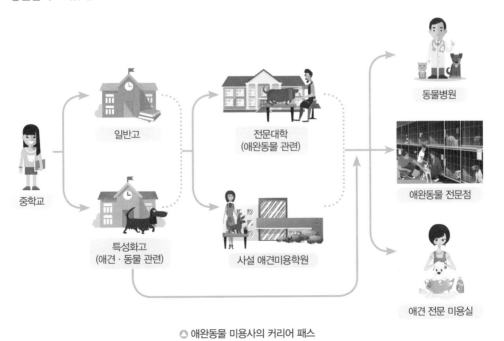

중학교 · 일반고 · 특성화고 (애견 · 동물 관련) · 전문대학 (애완동물 관련) · 사설 애견미용학원 · 동물병원 · 애완동물 전문점 · 애견 전문 미용실

⬢ 애완동물 미용사의 커리어 패스

애완동물과

학과 소개

애완동물과는 애완동물의
미용, 간호, 관리 등 애완동물에
대한 전문적인 이론과 함께 실무적인
내용을 배우고 이를 바탕으로
애완동물과 관련한 산업 분야에서
일할 전문 인력을 기르는
학과이다.

진출 직업

애완동물 미용사, 애완동물
관리사, 동물 간호사, 수의 간호사,
실험동물 기술사, 인공수정사, 동물
조련사, 아쿠아리스트, 애견 훈련사,
애완동물 실기교원, 동물매개
심리상담사, 애완동물 심사위원,
동물원 큐레이터 등

적성 및 흥미

기본적으로 생명의 소중함을 알고,
동물을 좋아해야 한다. 또한 동물이 지금
어떤 상태이고, 무엇을 원하는지 알아차리는
섬세함과 세심한 관찰력이 필요하다.
생물이나 화학 교과에 흥미가 있으면 도움이
되며, 애완동물 미용 분야를 생각한다면
예술 분야에 관심을 가지고 미적
감각을 키워두는 것이 좋다.

관련 학과

애완동물학부
애견미용전공, 애완동물관리과,
애완동물자원학과, 동물자원학과,
동물간호전공, 반려동물학과,
특수동물학과 등

자격 및 면허

★국가 자격★
가축인공수정사,
축산기능사 · 산업기사 · 기사, 축산기술사,
동물간호복지사 등
★민간 자격★
애견미용사, 반려동물관리사, 애견훈련사,
애견핸들러, 동물행동상담사,
동물매개심리상담사,
실험동물기술원 등

진출 분야

★기업체★
애견미용샵, 애완동물센터, 민간 동물원,
아쿠아리움, 동물병원, 애완동물 훈련센터,
동물농장, 애완동물 판매점, 동물 약품업체 등
★연구소★
애완동물 관련 기업체 연구소 등
★정부 및 공공기관★
공공 동물원, 국방부 · 관세청 · 경찰청 · 소방청 ·
농촌진흥청 · 농림축산식품부의
특수견 관리요원 등

★동아리 활동★

생물이나 애완동물 관련 동아리 활동을 통해 전공과 관련한 지식과 많은 경험을 쌓는 것이 중요하다.

★봉사 활동★

유기견 보호소나 동물 보호센터와 같은 곳에서 지속적인 봉사 활동을 하는 것이 좋다.

★독서 활동★

동물, 생명, 사육사와 관련한 독서를 통해 전공 지식을 늘리는 것이 좋다.

★교과 공부★

생물, 영어, 수학 교과의 학업 역량을 키우도록 노력하고 수업시간에 적극적으로 활동한다.

★교외 활동★

애완동물과 관련한 직업인 강연이나 동물원에서 하는 직업 체험에 참여하는 것을 권장한다.

※ 생물, 수학 교과 수상 실적이나 생물관찰 보고서 작성 등이 도움이 된다.

관련 학과
신소재공학과
32쪽

03 재료공학 기술자

1. 재료공학 기술자의 세계

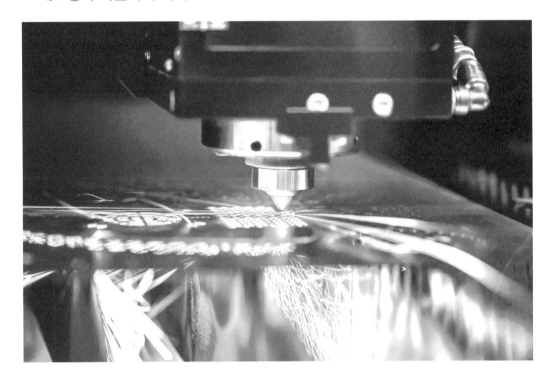

　　재료공학 기술자는 새로운 재료(소재)를 발견·발명하거나 연구하는 일을 하는 사람
이다. 역사적으로 재료와 인류는 떼려야 뗄 수 없는 관계였다. 문자가 나오기 전인 선사
시대에는 석기, 청동기, 철기 시대처럼 재료로 시대를 구별하였고, 새로운 소재가 나올
때마다 인류의 문명과 문화는 크게 바뀌었다.

　　예를 들어 철의 등장으로 농기구와 같은 작업 도구와 운송 수단 등 인류의 생활 방식
은 획기적으로 변화하였고, 전기와 강철로 인하여 2차 산업혁명이 시작되었다. 지금까
지도 우리가 사용하는 금속의 대부분은 철이라고 할 수 있다. 우리 주변에서 철이 사라
진다면 자전거, 자동차, 전철, 건물, 다리 등 우리가 매일 접하고 이용하는 것들도 더 이
상은 볼 수 없을 수도 있다.

'철기 시대 다음은 플라스틱 시대'라는 말이 나올 정도로 우리는 플라스틱을 활용한 제품을 많이 사용하고 있다. 최초의 플라스틱은 당구공의 재료를 찾다가 만들어졌다. 그 당시 당구공은 주로 코끼리의 상아로 만들어서 비싸고 귀했기 때문에 이를 대신할 재료를 찾다가 플라스틱을 발견하게 된 것이다. 이후에 플라스틱의 용도는 더욱 다양해져서 전기가 통하는 플라스틱이나 강철보다 강한 플라스틱과 같이 상식을 깨는 플라스틱이 나오고 있다. 이제 플라스틱은 인공 장기나 인공 피부, 자동차 엔진에도 쓰여 플라스틱의 무한한 가능성을 보여주고 있다.

플라스틱 다음으로 우리의 삶에 지대한 영향을 미친 소재는 바로 실리콘이다. 컴퓨터, 스마트폰, TV 등 우리가 일상생활에서 쓰고 있는 대부분의 전자 제품에는 반도체가 들어 있다. 그래서 반도체를 '전자 산업의 쌀'이라고 부르는데 이 반도체의 원재료가 바로 실리콘이다. 실리콘은 모래에서 뽑아낸 소재로 지구상에서 산소 다음으로 풍부하다. 첨단 기술 산업 지역으로 유명한 미국의 '실리콘 밸리'의 이름도 실리콘 칩을 만드는 회사가 이 지역에 많이 생기면서 유래된 것이다.

20세기를 '플라스틱 혹은 실리콘의 시대'라고 한다면 21세기는 '탄소의 시대'라고 말한다. 탄소로 만든 신소재로는 탄소 나노 튜브와 그래핀(graphene)이 있다. 꿈의 물질로 알려진 탄소 나노 튜브는 강철보다 100배 더 단단하여 총알을 튕겨내는 방탄복으로 만들 수 있을 정도다. 이와 함께 그래핀은 강철보다 200배 이상 강하고, 구리보다 전기가 100배 더 잘 통한다. 탄력성이 좋아 휘고 접어도 전기가 잘 흐르며, 투명하고 깃털처럼 가벼워 전자 종이, _{종이처럼 얇고 휘는 디스플레이} 플렉서블 디스플레이(flexible display), _{몸에 착용하거나 부착하여 사용하는 전자기기} 웨어러블 디바이스(wearable devices) 등 쓰임새가 무궁무진하여 기적의 물질로 불린다.

이렇듯 재료공학 기술자는 더 가볍고, 더 강한 재료를 만들기 위해 수만 번의 실험과 고민을 한다. 섬유공학 기술자가 새로운 섬유 소재를 만들어서 우리가 다양한 소재의 옷을 입을 수 있듯이 재료공학 기술자의 노력으로 신소재가 나오면서 이를 활용하여 첨단 산업이 발전할 수 있었고 그로 인해 우리의 삶은 더 풍요롭고 윤택해졌다.

그것이 알고 싶다 재료의 종류에는 어떤 것이 있을까?

재료는 크게 금속재료, 무기재료, 고분자재료, 복합재료, 신소재로 나눌 수 있다.
- **금속재료**: 철강재료(철, 강철, 합금 등), 비철금속재료(알루미늄, 마그네슘, 티타늄 등)
- **무기재료(세라믹)**: 비금속고체, 유리, 도자기, 시멘트 등
- **고분자재료(폴리머)**: 플라스틱, 나일론 등
- **복합재료**: 콘크리트, 합판 등 2가지 이상의 재료를 합한 재료
- **신소재**: 반도체, 생체재료, 스마트재료, 나노재료 등

첨단 산업이 발전하면서 소재 산업의 중요성은 더 커지고 있다. 제품을 생산하는 제조 산업보다는 제조업의 바탕이 되는 소재 산업이 점점 우위를 차지할 전망이다. 이렇듯 소재 기술이 첨단 산업의 절대적인 경쟁력이 되고 있어서 재료공학 기술자의 역할은 더욱 중요해질 것이다. 재료공학은 산업 발전에 중심이 되는 공학 분야이며, 신소재는 고부가가치 산업으로 미래 산업의 원동력이자 국가 경쟁력의 척도라고 할 수 있다.

2. 재료공학 기술자가 하는 일

재료공학 기술자는 산업에 쓰이는 모든 재료를 연구하고 쓰임새를 생각하는 전문가이며, 산업 분야별로 소재를 개발·생산하는 분야에서 일을 한다. 주로 하는 일은 재료에 원하는 특성을 나타내기 위해 연구하고, 생산 공정을 개발·계획하고, 생산 현장을 지휘·감독하는 것이다.

광석으로부터 재료를 뽑아내기 위한 공정을 개발한다.

재료의 성질을 변환하여 필요한 특성이 나타나게 한다.

재료의 주형, 조형, 열처리를 위한 공정을 설계한다.

재료공학 기술자

다양한 재료의 특성과 활용 방안을 연구한다.

재료를 만드는 현장을 지휘하고 감독한다.

재료의 설계와 부식 관리 방법, 공정 검사 등에 대해 연구한다.

부식 속도를 측정하여 예측하고 설비를 연장하는 기술을 개발한다.

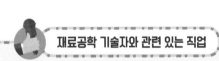

재료공학 기술자와 관련 있는 직업

금속재료공학 기술자는 철강 및 비철금속 제조 분야에서 일하고, 원광석을 녹여 필요한 금속을 뽑아내 금속 제품이나 합금을 만들고 제조 공정을 관리하며, 이와 관련된 실험 및 연구를 한다. 비금속재료공학 기술자는 세라믹 등 기초 소재 분야에서 일하며, 구조 세라믹스 기술자와 전자기 기능성 세라믹 기술자로 구분하고, 무기 재료 관련 공정을 통해 소재를 개발하고 가공한다. 고분자재료공학 기술자는 화학소재 분야에서 일하고 섬유소재와 첨단 고분자재료, 고분자 나노신소재 등을 연구 개발하고 생산 공정을 관리한다. 이 밖에 재료공학 기술자의 지시에 따라 연구 개발과 관련하여 금속, 합금, 금속 추출물의 특성, 각종 재료, 제품의 가공과 제조에 대한 시험을 하는 금속재료공학 시험원, 섬유에 대한 특성을 분석하고 실험하여 섬유 제품을 개발하고, 품질 향상을 위한 연구, 장비와 절차를 설계·관리하는 섬유공학 기술자가 있다.

신소재 개발은 기업뿐만 아니라 국가 경쟁력을 높이고 나아가 인류의 삶에도 큰 영향을 미친다. 하지만 신소재를 개발하는 과정은 쉽지 않다. 신소재를 개발하기 위해서는 많은 실험과 연구를 반복해야 하고 그 과정에서 수많은 실패를 겪기 때문에 인내심이 많이 필요하다. 또한 기존에 없는 새로운 것을 만들기 때문에 스트레스가 높은 편이다. 실험을 하다 보면 위험한 화학 물질을 다루거나 실험 과정이 위험할 수 있으며, 생산 현장에서는 분진, 열, 소음과 같은 유해 환경에 노출될 수도 있다.

3. 재료공학 기술자에게 필요한 능력

재료를 연구하기 위해서는 기본적으로 기초 과학 분야에 대한 지식이 필요하기 때문에 수학, 물리, 화학 등 기초 과학 분야에 흥미가 있어야 한다. 평소 새로운 것에 대한 호기심이 많고 신소재에 대해 관심이 있다면 재료공학 기술자에 도전해 볼만하다. 재료의 특성을 자세히 따져 보고 이를 응용할 수 있는 능력이 필요하고, 개발 과정에서 발생하는 문제를 해결하기 위한 분석적이고 창의적인 사고가 중요하다. 수없이 많은 실험 중에 측정하고 분석하는 일이 많아 인내심과 함께 한 가지 연구를 꾸준하게 파고드는 집중력이 요구된다. 신소재를 찾기 위한 연구를 계속하기 위해서는 새로운 것을 시도하는 데 주저하지 않고 실패를 두려워하지 않는 자세와 끈기가 무엇보다 중요하다.

4. 재료공학 기술자와 관련된 학과 및 자격증

- **관련 학과:** 재료공학과, 금속공학과, 신소재공학과, 무기재료공학과, 나노신소재공학부, 세라믹공학과, 전자재료공학과, 항공재료공학과, 반도체공학과, 응용소재공업과, 소재디자인공학과, 화학신소재학과, 응용화학공학과, 나노화학공학과, 화공생명학과, 화학시스템공학과 등
- **관련 자격:** 금속재료시험기능사, 금속재료산업기사 · 기사, 금속재료기술사, 금속제련기술사, 금속가공기술사, 세라믹기술사, 비파괴검사기술사, 표면처리산업기사 · 기술사, 재료조직평가산업기사 등

Tip⁺ 금속공학과, 재료공학과, 신소재공학과의 차이점

모두 재료의 성질과 활용을 배우는 학과로, 주로 다루는 재료로 차이점을 나눈다면 금속공학과는 대부분 금속재료인 철강이나 비철금속재료를 다루고, 재료공학과는 금속재료에 무기재료인 세라믹을 추가해서 배운다. 신소재공학과는 금속재료, 세라믹재료에 신소재를 더했다고 볼 수 있다. 하지만 요즘은 금속공학과, 재료공학과에서도 신소재공학과에서 다루는 재료를 전반적으로 배우기 때문에 거의 차이점이 없다. 학부에서는 모든 재료를 배우고 대학원에 가야 특정 재료를 세부적으로 연구한다. 세부적인 차이는 각 학과에서 어떤 전공과목을 배우는지 확인해 보면 알 수 있다.

5. 재료공학 기술자의 직업 전망

재료공학 기술자의 일은 산업에 쓰이는 모든 재료를 다루기 때문에 전반적인 경제 상황과 밀접한 관련이 있다. 재료공학 기술자가 많이 일하고 있는 철강·비철금속 산업을 보면 세계적인 경기 침체로 철강재 소비의 증가율이 낮아지고, 공급은 지나치게 많아져 국내 업체들의 경쟁력이 약화  되고 있어 이 분야의 재료공학 기술자 수요는 줄어들고 있다.

세라믹과 관련 있는 반도체 산업의 경우 스마트폰과 서버의 수요 증가 등 긍정적인 요소가 많아 크게 성장할 것으로 전망된다. 4차 산업혁명과 함께 새로운 산업 분야가 나타나면서 나노재료, 스마트재료와 같은 신소재와 복합재료, 고분자섬유 등에 대한 수요도 늘고 있다. 이와 함께 국가적으로 소재기술 개발에 집중하여 철강의 경우 고강도 친환경 경량소재, 세라믹의 경우 로봇이나 사물인터넷 등을 구성하는 고성능 초소형소재, 고분자의 경우 고기능성 스마트소재 관련 산업이 지속적으로 성장할 전망이다.

따라서 철강·비철금속산업 등 기존 분야의 재료공학 기술자 수요는 줄어들고, 신산업 분야나 신소재 관련 재료공학 기술자의 수요는 늘어나서 전체적으로 보면 재료공학 기술자의 수요는 현재와 비슷할 것으로 예상된다.

재료공학 기술자

재료공학 기술자가 되기 위해서는 전문대학이나 대학교에서 금속공학과, 재료공학과, 신소재공학과 등 관련 학과를 나와야 한다. 대학에서 기초 과학과 역학을 바탕으로 미시적 관점에서 소재의 구조, 성질 등을 연구하고 거시적 관점에서 물리적·전기적 성질 등을 연구하여 실제 활용까지 배우게 된다. 대학을 졸업하면 산업 재료를 다루는 제조 회사나 자

동차, 항공기, 반도체 등 다양한 분야에 취업하여 재료를 제조·가공하는 현장에서 지휘·감독을 하거나 재료에 대한 연구 개발을 하기도 한다. 다만 연구 개발 업무를 하는 연구원 분야는 재료공학의 특성상 석·박사 학위를 필요로 하는 경우가 많다. 학부에서는 산업에서 쓰이는 모든 소재를 다루기 때문에 특정 재료를 제대로 알기 어렵고 대학원에 가야 세부 전공을 선택하여 전문적으로 심도 있게 연구를 할 수 있기 때문이다. 취업 후 전문가 경력이 쌓이면 산업체의 자문 역할도 할 수 있다.

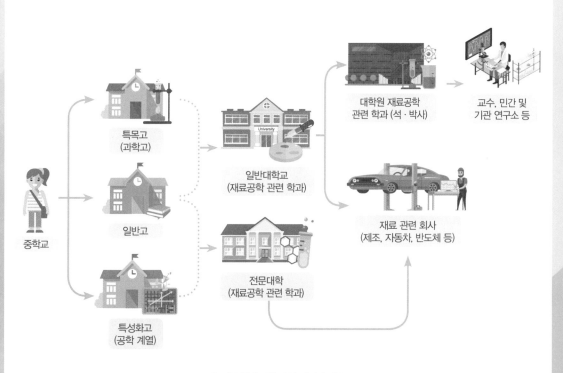

⊙ 재료공학 기술자의 커리어 패스

신소재공학과

학과 소개

공업의 원료로 쓰이는 다양한
재료의 구조와 특성을 이해하여
공학적으로 가치가 있는 새로운 소재를
만들고 활용하는 방법에 대해 연구한다.
재료에 관한 이론을 바탕으로 실습을
통해 신소재를 만들고 가공할 수 있는
능력을 가진 전문 인력을 양성하는
학과이다.

진출 직업

금속재료공학 기술자,
비금속재료공학 기술자,
고분자재료공학 기술자, 나노공학
기술자, 금속재료공학 시험원, 나노소재
연구원, 무기소재 연구원, 환경소재
연구원, 섬유소재개발 기술자,
비파괴 검사원, 공학계열
교수, 변리사 등

적성 및 흥미

신소재공학은 순수과학과
응용과학의 '교집합'과 같은 분야라서
기본적으로 화학, 물리, 수학과 같은 기초
과목에 흥미를 가지고 있으면 좋다. 새로운 소재를
개발하고 연구하는 학과이기 때문에 소재에 대한
호기심이 많고 창의적인 생각을 잘 하며 열정이
있으면 도움이 된다.
끊임없는 연구 과정 중에 생기는 수많은 실패를
두려워하지 않고 끝까지 도전하는 자세와
인내심을 가지는 것이 중요하다.

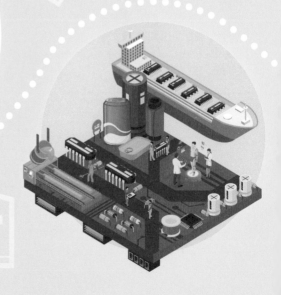

자격 및 면허

금속재료산업기사 · 기사,
금속재료기술사,
금속제련기술사, 금속가공기술사,
세라믹기술사, 비파괴산업기사,
비파괴검사기술사, 주조산업기사,
면처리산업기사 · 기술사,
재료조직평가산업기사 등

진출 분야

★기업체★
제철소, 금속가공업체,
자동차 · 항공기 · 조선 제조업체,
바이오 · 의료업체, 반도체 제조업체, 반도체 장비 및
소재 관련 기업, 비철금속 제련업체, 태양광 산업체 등
★연구소★
신소재, 금속, 반도체, 섬유 및 가공 관련 국 · 공립 연구기관
및 민간 연구소 등
★정부 및 공공기관★
기술연구직 공무원, 과학기술 관련 부처, 특허청 등
★학계 · 교육계★
고등학교, 대학 등

관련 학과

재료공학과, 금속공학과,
무기재료공학과, 나노신소재공학부,
세라믹공학과, 반도체공학과, 전자재료
공학과, 재료정보과, 항공재료공학과,
응용소재공업과, 소재디자인공학과,
화학신소재학과, 신소재응용과,
응용화학공학과, 노화학공학과,
화학시스템공학과 등

★동아리 활동★

화학이나 공학 관련 동아리 활동을 하면서 전공과 관련한 경험을 쌓으며, 열린 사고를 가지고 구성원과의 교류를 통해 융합하는 능력을 키우는 것이 좋다.

★봉사 활동★

지속적인 봉사 활동을 권장하며, 사회 복지 시설이 아니라도 주변에 도움이 필요한 곳이 있다면 진정성을 가지고 6개월 이상 하는 것이 좋다.

★독서 활동★

화학, 공학, 정보, 인문학 등 전공과 관련한 폭넓은 독서 활동을 하고 다른 친구들과 의견을 교환하는 것이 좋다.

★교과 공부★

미적분학이 기본이기 때문에 수학 교과에 신경을 쓰고 과학, 물리, 화학 등 이공계 관련 교과 실력 향상에 힘쓴다.

★교외 활동★

박람회나 전시회를 통해 새로운 것에 대해 탐구해 보고, 재료공학과 관련한 진로 체험을 통해 직업을 탐색해 본다.

※ 수학, 화학, 물리 관련 교과 수상 실적이 도움이 된다.

04 항공기 정비사

관련 학과
항공정비학과
40쪽

1. 항공기 정비사의 세계

엄마, 비행기 출발이 30분 늦어졌다는데 왜 그럴까요?

눈과 얼음을 제거하는 디아이싱(deicing) 작업을 해야 하기 때문이야.

날개에 눈이 쌓여 있으면 표면이 울퉁불퉁해서 날기 어렵단다. 또 눈의 무게 때문에 비행기가 무거워지기도 하지.

디아이싱이요?

그런데 왜 미리 작업하지 않고 출발 직전에 하나요?

그건 날개에 다시 눈이 쌓이거나 얼음이 얼 수 있기 때문이지.

'항공기 정비사'란 직업을 가지신 분들이 그런 작업을 해주셔서 우리가 안전하게 여행을 할 수 있어.

그렇구나. 항공기 정비사는 정말 중요한 일을 하는 직업이네요.

우리가 이용하는 교통수단인 자동차, 기차, 항공기, 선박 중에서 어떤 것이 가장 안전할까? 보통 기차나 자동차가 안전하고 항공기나 선박은 위험하다고 생각한다. 하지만 국내외 교통사고 통계를 보면 항공기가 가장 안전하다. 반대로 제일 위험한 교통수단은 자동차다.

2017년 경찰청 자료에 따르면 국내 자동차 사고 사망자는 4,185명이었으나, 항공기 사고 사망자는 없었다. 또한 2018년 AP 통신사가 미국 연방교통안전위원회(NTSB)의 사고 데이터를 분석한 자료에 따르면 테러 등을 제외한 전세계 상업용 비행기 승객 1억 명당 사망자 수는 2명에 불과하였다. 이는 1960년대 133명, 2000년대 초반 20명에서 2명으로 줄어든 것이며, 항공 기 사고는 관련 기술의 발전에 따라 앞으로도 계속 줄어들 것이다.

항공기 사고는 사고율은 낮지 만 사고가 일어날 경우 그 피해가 크기 때문에 철저한 안전 점검이 중요하다. 항공기가 제대로 운항 할 수 있도록 상태를 점검하고 정 비하여 항공기의 안전을 책임지는 전문가가 바로 항공기 정비사이다. 최종 점검이 끝난 항공기는 항공기 정비사가 정비기록부에 서명을 해야 비행이 가능할 정도로 정비사의 영향력은 절대적이다.

그것이 알고 싶다 비행기는 새를 무서워한다?

1995년 미국의 조기경보통제 기가 추락하여 승무원 전원이 사 망하였다. 2009년에는 미국 항 공기의 엔진이 망가지면서 강으 로 추락하였으며, 2016년에는 제주행 항공기가 이륙 후 10분 만에 이상이 생겨 공항으로 돌아 왔다.

이 모든 사고의 원인은 바로 '새'였다. 즉 버드 스트라이크(bird strike), 우리말로 '조류 충 돌'이라 하는데 새가 비행기에 부딪히거나 엔진 속에 빨려 들어가 일어나는 사고를 말한다. 국내의 경우 2013년에는 136건, 2016년에 288건이 발생하는 등 사고가 계속 늘어나는 추세 이다.

새가 어떻게 비행기에게 위협이 될까? 그것은 비행기의 속도 때문이다. 시속 370km로 이 륙 중인 비행기에 900g의 청둥오리 한 마리가 충돌하면 4.8t의 충격이 가해진다. 그래서 버 드 스트라이크로 인해 항공기 유리가 깨지거나 기체에 구멍이 뚫리기도 하여 위험한 상황이 벌어지기도 한다. 제일 큰 문제는 새가 엔진 속으로 들어가 엔진을 망가뜨리거나 태워버리는 것이다.

이런 사고를 막기 위하여 공항에서는 공포탄이나 엽총 등 소음 장치를 이용하거나 자기파 를 이용한 조류퇴치기로 새를 쫓고 있고, 공항 주변에 살충 작업을 하여 새의 먹이가 되는 곤 충을 없애기도 한다. 최근에는 드론을 이용하여 독수리나 매의 울음소리로 새를 쫓거나 적외 선 카메라를 달아 새 떼를 탐지한다. 네덜란드에서는 3D 프린터로 만든 로봇 새가 실제 새처 럼 날아다니면서 문제를 해결하고 있다.

2. 항공기 정비사가 하는 일

항공기 정비사는 운항 중에 발생할 수 있는 위험요소를 예방하기 위해 항공기 비행 전후 이상 유무를 철저하게 점검하고 정비한다. 항공기는 매우 복잡한 기계이기 때문에 항공기 정비사는 APG 정비사(항공기 전체 점검), AVIONIC 정비사(전자 및 계기 담당), CABIN 정비사(객실 담당), SHOP 정비사(항공기 부품 및 구조 담당)로 구분한다.

안전한 운행을 위해 동체 및 엔진, 계기 등을 조립하고 조정한다.

항공기 기체 부분의 변형 및 파손, 범위, 마모 상태 등을 확인하기 위해 육안 및 점검 기구로 검사한다.

고장 및 훼손 부위를 확인하여 원인을 찾아 수리하고, 작동 상태를 확인한다.

부품을 점검하고 교환 주기를 확인하여 사용 한계와 수명이 다한 것은 교체하고, 부품 관련 오일(에)과 항공기 연료 등의 보급품을 채워 넣는다.

비행시간이 5~6천 시간이 되면 항공기 부품을 수리하고 개조 및 정비한다.

새로운 항공기에 대한 기술과 안전 운항 등의 교육을 이수한다.

항공기 정비사는 수백 명 승객의 안전을 책임지는 사람으로 책임감과 자부심이 필요한 직업이다. 세계 모든 나라에서 항공기 점검이 이루어지기 때문에 항공기 정비사는 해외에 파견되어 근무하는 경우가 많고 원할 경우 외국 항공사에서 일할 수도 있다. 그만큼 고용이 안정적이고 보수도 높은 편이지만, 항공기 정비사는 비행기 운항 스케줄이나 회사에 따라 하루 3교대로 24시간 내내 정비 업무가 이루어지는 경우도 많고, 기술의 발달에 따라 새로운 항공기에 대해 끊임없이 공부해야

항공기 정비사와 관련 있는 직업

항공기 정비사와 관련 있는 직업에는 설계도에 따라 부품을 조립하여 항공기를 제작하고 부품을 검사하여 최종적으로 생산품이 적합한지 확인하는 항공기조립 검사사, 항공 기술을 연구하고 항공기를 설계·개발하는 항공공학 기술자, 항공 노선과 비행 계획을 최적으로 계획하여 안전 운항을 돕는 운항 관리사, 항공기의 안전한 운행을 위해 이·착륙 순서를 정해주고 운항을 관리하고 통제하는 항공교통 관제사 등이 있다.

한다. 또한 현장 정비사의 경우 계절에 상관없이 활주로와 격납고에서 정비를 해야 하기
때문에 체력적인 소모도 크다.

 Tip⁺   항공 정비 업무의 분류

항공 정비사는 업무에 따라 엔지니어(engineer), 인스펙터(inspector), 메카닉(mechanic)
으로 나눌 수 있다. 엔지니어는 정비 관리직으로서 항공 정비를 계획하고, 작업 지시를 하는
사람이다. 인스펙터는 메카닉이 작업한 부분에 이상이 없는지 교범에 따라 확인하는 사람이
다. 마지막으로 메카닉은 실제 항공 정비 작업을 하는 사람으로서 우리가 흔히 알고 있는 항
공기 정비사라고 할 수 있다.

3. 항공기 정비사에게 필요한 능력

항공기 정비사는 기본적으로 기계와 전자 등 공학에 흥미가 있고 기계를 다루는 데
소질이 있으면 도움이 된다. 100만 개가 넘는 부품들이 복잡하게 서로 연결되어 있어서
항공기에 대한 정확한 이해가 필요하기 때문이다

항공기는 수백 명의 사람을 태우고 이동할 뿐만 아니라 항공기 자체의 가격도 1천억
원이 넘는 경우도 있어서 사고가 나면 그 피해는 상상하기 어렵다. 따라서 정비 매뉴얼
에 맞춰 꼼꼼하게 정비를 해야 하고 집중력과 함께 책임감이 투철해야 한다. 항공기는
24시간 쉼 없이 운행하는 일이 많아 정비 또한 주간과 야간, 12시간씩 업무가 교대로 이
루어진다. 또한 야외에서 정비가 많이 이루어지므로 오랜 시간 정비를 하려면 무더위와
추위를 견딜 수 있는 인내심과 강인한 체력이 요구된다.

항공기 정비사가 보는 모든 설명서와 관련 도서는 영어로 쓰여 있기 때문에 반드시
영어 실력을 갖추어야 하고, 파견 근무를 대비하여 평소 중국어와 일본어 등 외국어 공
부를 꾸준히 하는 것이 좋다.

4. 항공기 정비사와 관련된 학과 및 자격증

- **관련 학과:** 기계공학과, 기계과, 전기공학과, 전자과, 전지제어공학과, 제어계측공학과,
  제어계측과, 항공우주공학과, 항공정비과 등
- **관련 자격:** 항공기체기술사, 항공기관기술사, 항공기관정비기능사, 항공장비정비기능사,
  항공전자정비기능사, 항공기체정비기능사, 항공정비사, 항공산업기사

5. 항공기 정비사의 직업 전망

과학 기술의 발달에 따라 새로운 항공기 사업이 확대되고 있고 항공 산업은 항공우주 산업으로 연계되어 발전하고 있다. 또한 국내외를 여행하는 해외 여행객들이 증가하면서 민간 항공사가 계속 늘어나고 있고, 항공 노선도 많아지고 있다. 이처럼 항공 관련 산업의 발달로 전문성을 갖춘 항공기 정비사의 수요는 다소 늘어날 전망이다.

항공 정비에서의 실수는 절대 있어서는 안 되기 때문에 비록 업무에 대한 부담이 크고 전문 기술을 습득하는 데 많은 시간이 걸리지만, 항공기 정비사는 그만큼 높은 연봉과 업무의 전문성을 인정받고, 정년을 보장받을 수 있는 유망 직종이라고 할 수 있다.

 인공지능과 항공기 정비

항공기는 부품 수가 자동차의 200배인 약 400만 개로 매우 복잡한 기계다. 부품이 많다보니 고장이 났을 때 그 원인을 찾아 해결하기 위해서는 경험이 많은 정비사가 필요하고 시간도 오래 걸린다. 이러한 문제를 해결하기 위하여 항공 정비 분야에서도 인공지능을 활용하고 있는데, 우리나라의 한 항공사는 IBM의 인공지능 시스템인 왓슨(Watson)을 사용하여 항공기 정비의 효율을 높이고 있다. 항공기 정비와 관련한 지난 수십 년간의 기록을 왓슨에 입력하여 문제가 발생하면 왓슨이 기존의 데이터를 바탕으로 문제를 분석하여 원인을 찾는 데 도움을 주고 해결 방안까지 제시한다. 이렇게 인공지능을 활용하면서 항공기의 문제를 분석하는 데 걸리는 시간을 90% 단축하였으며, 이제는 결함 분석에서 더 나아가 결함을 예측하는 예방 정비로 발전할 전망이다.

항공기 정비사

　항공기 정비사가 되기 위해서는 항공기 기초실습 및 정비실무 등을 체계적으로 배울 수 있는 항공정비학과 등 관련 학과를 전공하면 유리하다. 또한 관련 자격 취득이나 경력을 우선으로 하는 경우가 많기 때문에 항공정비사면허(면장), 항공기체정비기능사와 같은 자격증이 있으면 유리하다.

　항공기 정비사가 되는 방법은 다음과 같이 4가지로 요약할 수 있다.

　첫째, 대학에서 기계공학을 전공하거나 항공 분야 특성화 대학에서 항공 정비를 전공한다. 둘째, 대형 항공사 등에서 정비 직업훈련 교육을 받는다. 셋째, 국토해양부가 지정한 항공직업전문학교에서 교육을 받는다. 넷째, 군항공정비부대에서 항공 정비 실무를 익힌 후 정비 경력을 쌓는다. 덧붙여 항공 정비 문서가 모두 영어로 되어 있기 때문에 영어 실력을 필수적으로 갖추는 것이 좋다.

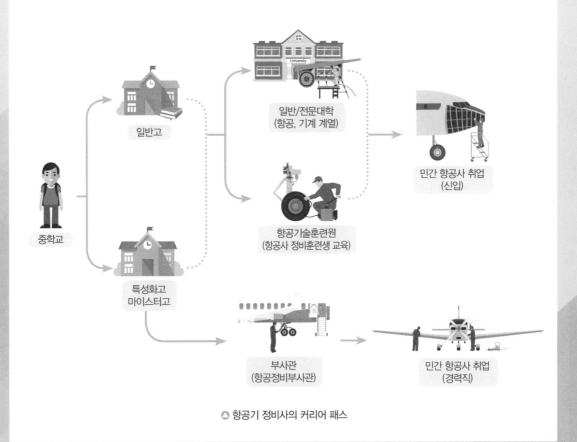

⬥ 항공기 정비사의 커리어 패스

대학교 관련 학과 항공정비학과

학과 소개

항공역학, 항공기동력장치,
항공정비실무, 항공기술영어 등 체계적인
학술적 접근과 충분한 실습교육 과정을 제공한다.
항공기술력을 갖춘 실무형 항공기 정비기술
인력을 양성하기 위해, 기초실습 및 첨단 항공기술
교육을 통해 현장 적응력을 배양하고, 글로벌 항공
종사자를 육성하고 항공 정비에 관한 문서
해석력과 작성 능력 향상을 위한 꾸준한
외국어 학습을 지원한다.

진출 직업

제트엔진 수리원, 항공기
계기 정비원, 항공기 기체정비
검사원, 항공기 동체 정비원,
항공기 보조기계 정비원, 항공기
부속품 기계원, 항공조립
검사사 등

적성 및 흥미

세밀하고 꼼꼼하여 기계를 다루는 일에
적성과 관심이 있어야 한다. 악천후에도 쉬지
않고 작업을 해야 하므로 강한 체력이 필요하며,
경력을 쌓기 위한 오랜 교육과 훈련을 마치려면
인내심도 있어야 한다.
기계공학 및 첨단기술 분야를 다루는 학과이므로
논리적이고 분석적 사고 능력이 필요하다.
또한 영어로 되는 문서를 해석하고 업무를
진행해야 하기 때문에 영어 실력도
갖추면 더욱 좋다.

자격 및 면허

항공기체기술사, 항공기관
기술사, 항공기관정비기능사,
항공장비정비기능사, 항공전자
정비기능사, 항공기체정비기능사,
항공정비사, 각종 비파괴검사
관련 자격

★기업체★
민간 항공사, 항공기 제작업체,
비행훈련기관, 무인 항공기 제작 및 조립업체,
항공기 운용업체 등
★연구소★
기업 연구소, 정부출연 연구기관 등
★정부 및 공공기관★
정부기관 감독관, 소방항공, 해양경찰항공,
군 정비사 등

진출 분야

관련 학과

기계공학과, 기계과,
전기공학과, 전자과, 전자
제어공학과, 제어계측공학과,
제어계측과, 항공우주공학과,
항공정비과 등

★동아리 활동★

모형 비행기 제작이나 기계 조작 관
련 동아리 활동을 추천한다.

★봉사 활동★

기회가 되면 공항에서 진행하는 봉사
활동에 참여하여 관련 분야의 직업을
미리 접하는 것도 좋다.

★독서 활동★

기계, 과학, 수리 분야의 독서를 두루
탐독하여 논리적 사고 함양과 기계공
학적 지식을 쌓는다.

★교과 공부★

논리력 향상을 위해 수학 및 과학 교
과 공부에 집중하고, 영어 등 외국어
공부를 열심히 해 둔다.

★교외 활동★

민간 항공사의 항공기 정비사 체험이
나 전문학교의 강의 참여 등 관련 경
험을 많이 해보는 것이 중요하다.

※ 드론 및 모형 비행기 관련 대회나 외국어 말하기
대회에 참가하여 경력을 쌓을 것을 권장한다.

05 방사선사

1. 방사선사의 세계

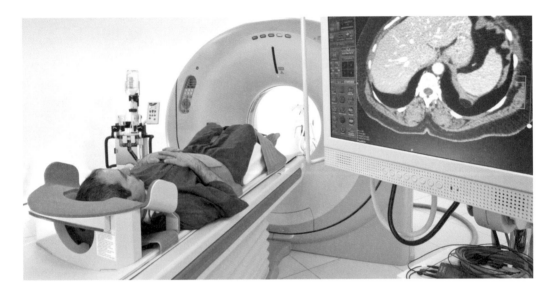

　우리가 병원에서 흔히 접하는 엑스레이(X-ray, X선)는 1895년 독일의 물리학자 뢴트겐(Wilhelm Conrad Roentgen, 1845~1923)이 처음 발견하였다. 뢴트겐은 새로 발견한 빛의 이름을 수학에서 미지수를 'X'로 표시하듯이 '알 수 없다'는 의미로 X선이라고 지었다.

　X선이 처음 발견되었을 당시 사람들은 몸에 상처를 내지 않고 뼈를 볼 수 있다는 사실에 놀라움을 금치 못했다. 당시에 몸속을 들여다본다는 건 상상도 할 수 없었기 때문이다. 당시 사람들은 X선으로 옷을 투시해 볼 수 있다는 오해도 하였다. 심지어 옷을 투시할 수 있는 X선 안경이 나올 것이라는 두려움이 커지면서 쌍안경에 X선을 사용하지 못하게 하는 법안이 나오는가 하면 어느 속옷 업체는 X선이 통과하지 않는 속옷이라는 광고까지 하였다.

　하지만 여러 우려 속에서도 X선은 다양하게 활용되었다. 과학 분야의 경우 X선을 통해 방사선을 발견하게 되고, 상대성 이론과 양자역학, 핵물리학이 등장하고 발전하는 계기가 되는 등 20세기 과학기술의 토대를 마련하는 역할을 하였다.

의학 분야에서는 뼈의 이상을 찾아내거나 몸속에 박힌 총알을 찾아내어 수많은 생명을 구하였다. 또한 몸속에 이상이 있을 때 수술을 하여 직접 들여다봐야 했지만 X선이 나온 이후에는 환자에게 고통을 주지 않고도 손쉽게 몸속을 볼 수 있게 되었다. 이렇듯 X선이 몸속에 들어간 이물질을 찾아내고 여러 질환을 진단할 수 있게 되면서 의료 분야에 혁신을 가져왔다. X선은 나중에 CT(Computed Tomography, 컴퓨터 단층촬영), ↳ X선을 이용하여 인체 내부 영상을 확인
↳ 자기장과 전자기파를 이용하여 인체 내부 영상을 확인
MRI(Magnetic Resonance Imaging, 자기공명영상) 등 여러 검사 장치를 만드는 데 도움을 주었다.

X선은 과학이나 의학뿐만 아니라 공항 검색대에서 폭발물이나 마약 등을 찾아내거나 산업 현장에서 부품의 이상 유무를 검사할 때, 예술품이 진짜인지 가짜인지 판단할 때 등 수많은 분야에서 활용되고 있으며, 산업 전반에 영향을 미쳐 많은 사람들이 그 혜택을 누리고 있다.

뢴트겐은 X선을 발견한 공로로 1901년 제1회 노벨 물리학상의 첫 수상자가 되었다. X선은 발견되었을 당시부터 과학계와 산업계에 미치는 파장이 매우 커서 특허를 낼 경우 큰 돈을 벌 수 있었지만 뢴트겐은 X선은 원래 있던 것을 발견한 것에 지나지 않으므로 온 인류가 공유해야 한다며 특허 신청을 하지 않았다. 개인의 이익보다 인류를 위한 길을 택함으로써 많은 과학자들이 X선을 연구할 수 있게 되었고 X선과 관련한 연구로 많은 노벨상이 나오게 되었다.

우리가 병원에서 엑스레이나 CT, MRI 검사를 할 때 만나는 사람은 방사선사로, 엄밀히 말하면 의사는 아니다. 방사선사는 의사와 같은 '의료인'이 아닌 '의료기사'이기 때문에 의사의 의뢰나 처방에 따라 방사선을 이용하여 검사나 치료를 한다. 엑스레이나 MRI 등의 영상을 보고 진단을 하는 업무는 의사인 영상의학과 전문의가 담당한다.

CT와 MRI의 수학적 원리

CT(Computed Tomography), MRI(Magnetic Resonance Imaging)와 같은 의료 기기에는 모두 적분이라는 수학적 원리가 숨어 있다. CT의 경우 여러 각도로 X선 사진을 찍어 나온 그래프를 시각화한 뒤에 라돈 변환의 역변환을 거쳐 우리가 알아 볼 수 있는 영상으로 만든다. 즉 물체를 아주 작은 조각으로 썰듯이 X선을 촘촘히 통과시켜 단면 영상을 얻는다. 이 단면 영상들을 적분하듯이 합쳐 입체 영상으로 바꾸는 것이다. MRI도 같은 원리라고 보면 된다.

보통 CT보다 MRI 결과가 더 자세하다고 생각하지만 그렇지 않다. 각각의 검사가 다른 특성을 가지고 있어서 증상과 부위에 따라 전문의와 상담을 통해 어떤 검사를 할지 선택해야 한다.

2. 방사선사가 하는 일

방사선사는 방사선학과 관련하여 전문 지식과 장비를 가지고 의사의 지시에 따라 환자를 검사하거나 질병을 치료하고, 그 결과를 의사에게 전달하여 몸의 상태를 진단하는 것을 돕는다.

의사의 검사 의뢰서를 확인하고 검사나 치료를 준비한다.

의사와 함께 치료 계획을 세워 방사선의 노출 범위와 강도를 조절하고 방사선을 이용해 암세포를 죽인다.

의료 영상 장비, 방사선, 방사성 동위원소 등을 이용하여 검사나 치료를 실시한다.

수술실에서 이동형투시장치(C-ARM)를 사용하여 영상을 통해 의사의 수술을 돕는다.

검사 결과로 나온 디지털 의료 영상을 확인하고, 정리 · 분석한 보고서를 의사에게 전달한다.

환자의 검사나 치료 기록을 관리한다.

검사 및 치료 장치를 점검하고 관리하여 영상의 품질을 확보한다.

방사선사는 병원의 각 분야에 따라 하는 일이 다르다. 영상의학과(진단방사선학과)에서는 엑스레이나 CT, MRI 등의 의료 영상 장비를 이용하여 검사를 하고, 방사선종양학과(치료방사선학과)에서는 방사선을 이용하여 암 등을 치료하고, 핵의학과에서는 방사성 동위원소를 이용하여 진단과 치료를 한다.

방사선사는 아픈 사람이 빨리 나을 수 있게 돕고 생명을 살리는 데 기여할 수 있기에 보람도 있지만 그만큼 어려움도 있다. 환자의 상태에 따라 각종 검사나 치료 시 항상 긴장하고, 장비 점검도 철저히 해야 하며, 장비 중에는 고전압을 사용하는 경우가 있어 주

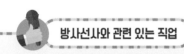

방사선사와 관련 있는 직업

방사선사가 일하는 의료 분야에는 다양한 직업이 있다. 환자의 예약, 접수 등의 사무 업무를 보는 원무과의 병원행정 사무원, 환자를 관리하거나 고객 상담, 병원 홍보 등의 업무를 하는 의료 코디네이터, 환자의 병을 진단하고 치료하는 의사 중에서 방사선사가 있는 진료과에는 영상의학과 전문의, 방사선종양학과 전문의, 핵의학과 전문의가 있다. 이 밖에 의사의 진료를 돕고 환자를 보살피며 돌보는 간호사, 혈액이나 소변, 조직 등의 검사를 담당하는 임상병리사, 진료에 사용하는 의료 장비를 설치하고 유지, 관리하는 의료장비 기사, 환자와 관련한 의료 정보를 모아 분석하고 관리하는 의무기록사 등이 있다.

의해야 한다. 또한 방사선에 노출되지 않게 조심해야 한다. 근무 시에는 항상 피폭선량(인체가 받는 방사선의 양)을 측정하는 피폭선량계를 휴대하고, 3개월마다 피폭선량을 측정해야 한다.

그것이 알고 싶다 CT 검사는 방사선 때문에 위험하다?

세계보건기구(WHO)에서는 방사선을 담배와 마찬가지로 1급 발암 물질로 규정하고 있다. 국제방사선방호위원회에서 권고하는 연간 방사선 피폭량(방사선에 쏘인 양으로, 단위는 주로 시버트(Sv)를 쓰며, 밀리시버트(mSv)는 Sv의 1000분의 1이다)은 1mSv 이하, 방사선사 같은 관련 직업인은 50mSv 이하이다. 단, 의료 방사선 노출 권고 기준치는 따로 정해 두지 않았다. 진단이나 치료 때 받는 방사선의 경우 방사선의 악영향보다 치료가 주는 이득이 더 크기 때문이다.

의료 기기에서 나오는 방사선의 양은 크게 걱정할 정도는 아니다. 하지만 많이 사용하면 좋지 않다. 따라서 불필요한 검사와 중복 검사를 피하고, 검사 시간도 최대한 줄여야 한다. 이를 위해 검사가 한 번에 끝날 수 있게 검사 시 주의사항을 잘 지키도록 해야 한다. 임산부나 어린이는 방사선에 더 취약하므로 가능하다면 방사선 노출이 없는 검진을 권한다.

3. 방사선사에게 필요한 능력

방사선사는 대부분 기계와 컴퓨터를 조작하는 일이 많아 기계를 잘 다루는 능력이 필요하다. 인체에 매우 위험한 방사선을 다루기 때문에 방사선에 대한 이해와 전문 지식이 있어야 하고, 해부학 및 병리학 등에 대한 의료 지식을 갖추어야 한다. 또한 검사와 치료에 사용하는 의료 장비의 발전 속도가 빨라 새로운 장비에 대한 빠른 이해력이 요구된다.

방사선사는 병원의 다양한 진료과와 연계되어 있고 보다 나은 진료를 위해 팀 의료와 같은 협업이 늘어나고 있어 의사소통 능력과 대인 관계 능력이 중요하다. 뿐만 아니라 다양한 환자를 대하기 때문에 봉사 정신과 배려심도 있어야 한다.

 인공지능과 영상의학

X선, 초음파 등을 이용한 신체 부위 영상을 통해 질병을 진단하고 치료하는 의학

최근 들어 인공지능은 의료 분야에서도 많이 활용되고 있다. 특히 영상의학에서 영상 데이터를 판독하는 분야의 경우 15~20년 이후에는 대부분 인공지능이 판독할 것이라고 전망하고 있다. 현재 인공지능을 활용하여 엑스레이 영상을 보고 결핵을 진단하는 정확도는 98%이며, 뼈의 연령 영상을 판독하는데 기존에 5분이 걸리던 것을 20초 만에 판독할 수 있다. 하지만 인공지능이 의사를 완전히 대체하기에는 아직은 어렵다. 인공지능은 빠른 판독과 정확한 분류 능력으로 영상의학과 전문의를 보조하는 역할을 할 것이다.

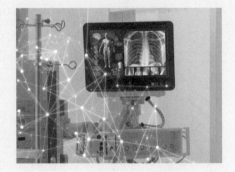

4. 방사선사와 관련된 학과 및 자격증

- **관련 학과:** 방사선학과, 방사선학과
- **관련 자격:** 방사선비파괴검사기능사 · 기사 · 산업기사, 방사선사(면허), 방사성동위원소 취급자일반(면허), 방사선취급감독자(면허), 전문방사선사(민간 자격) 등

5. 방사선사의 직업 전망

우리나라 사람의 평균 수명이 80세를 넘어가고, 의학이 발달하면서 사람들의 관심은 '얼마나 오래 사는가'에서 '얼마나 건강하게 사는가'로 옮겨지고 있다. 우리나라는 국가 건강검진 제도가 체계적으로 되어 있어 건강검진 대상자 중에서 검진을 받은 사람이 80% 가까이 될 정도로 세계적으로 봤을 때 건강검진 강국이다. 주기적으로 건강검진을 받는 사람이 증가하고 있고, 검진 횟수도 늘어나면서 엑스레이, 초음파, CT, MRI 등과 관련한 검사가 점점 많아지고 있다. 특히 암 검진이 늘어나면서 이와 관련한 검사 인력의 수요가 증가하고 있다. 이에 방사선사에 대한 수요는 계속 많아질 전망이지만 방사선학과 관련 대학 졸업자 수가 늘어나면서 취업 경쟁이 치열한 상황이다. 따라서 방사선사 수요가 많은 해외로 취업을 생각해 보는 것도 하나의 방법이 될 수 있다.

방사선사

방사선사가 되기 위해서는 전문대학이나 대학교에서 방사선학을 전공하고 국가시험에 합격하여 방사선사 면허증을 받아야 한다. 면허증을 받으면 보통 영상의학과의원, 종합 · 대학병원, 종합검진센터 등과 같은 의료 기관에 근무한다.

이외에 보건직, 의료기술직, 군무원과 같은 공무원이나 공기업, 대학 교수로도 취업할 수 있다. 추가로 방사성동위원소취급자일반 면허를 취득하면 의료 기관의 핵의학과, 의료장비 · 의료기기 업체, 산업체 연구소, 원자력발전소, 비파괴검사 관련 산업체에 진출할 수 있다.

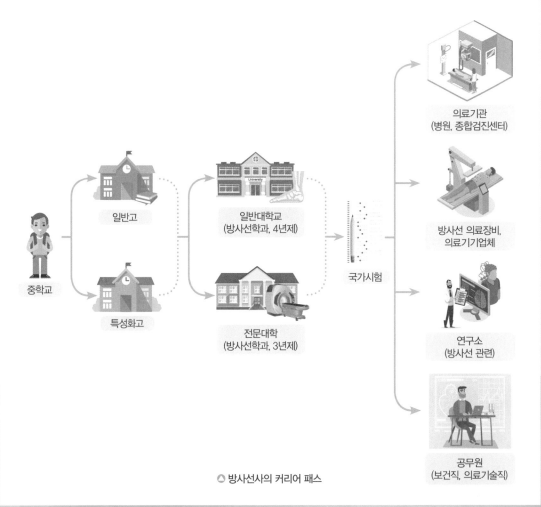

방사선사의 커리어 패스

방사선학과

방사선학과에서는 방사선학과 관련한
전문 지식과 해부학, 병리학, 생리학 등의
의학 지식, 의료 영상 기기와 치료 기기의 운영,
관리에 관한 이론과 실습을 배운다.
환자의 질병을 정확히 진단하는 데 필요한 정보를
제공하고 암과 같은 악성 종양을 치료하는 데
도움을 주며 방사선 관련 산업 기술 발전에
중요한 역할을 하는 방사선 전문가를
양성하는 학과이다.

진출 직업

방사선사, 동위원소
감독자, 동위원소 취급자,
방사선 관련 연구원,
보건직 공무원,
군무원 등

적성 및 흥미

방사선학과는 수학, 물리, 생물
등의 과목을 좋아하고 기계와 컴퓨터를
다루는 것에 흥미가 있으면 도움이 된다.
위험한 방사선을 다루기 때문에 상당한 주의력과
침착성이 필요하다.
방사선사는 병원의 여러 진료과와 소통하기
때문에 의사소통 능력과 협업 능력이 요구되고
무엇보다 환자를 직접 만나기 때문에
환자에 대한 배려심과 봉사 정신이
있어야 한다.

자격 및 면허

방사선 · 초음파비파괴검사
산업기사 · 기사, 방사선사(면허),
방사성동위원소취급자일반(면허),
방사선취급감독자(면허) 등

진출 분야

★기업체★
대학병원, 종합병원, 종합검진센터,
치과병원, 의료장비 · 의료기기 업체,
방사성동위원소 취급 업체,
비파괴검사 관련 업체 등
★연구소★
방사성동위원소 취급 연구소, 원자력 관련 연구소 등
★정부 및 공공기관★
보건소, 군무원, 국민건강보험공단,
원자력발전소 등
★학계 · 교육계★
대학 등

관련 학과

방사선학과

★동아리 활동★

의료 관련 동아리 활동을 통해 전공 관련 지식을 늘리고 구성원과의 교류를 통해 협업하는 능력을 기르는 것이 좋다.

★봉사 활동★

보건소나 의료 기관에서 지속적인 봉사 활동을 하는 것을 권장한다.

★독서 활동★

방사선학과 관련한 책이나 생체학, 공학, 과학, 인문학 관련 독서를 통해 사고의 폭을 넓히도록 한다.

★교과 공부★

과학, 수학 관련 교과 실력 향상에 힘쓰고 수업시간에 모둠 활동 등을 통해 협업 능력을 키우는 데 노력한다.

★교외 활동★

의료 분야와 관련한 직업 체험이나 강연을 듣고 대학에서 진행하는 전공 관련 진로 프로그램에 참여하는 것을 권장한다.

※ 과학, 수학 교과 수상이나 봉사상, 선행상과 같은 인성과 관련한 수상 경력, 과학탐구대회 등의 수상 실적도 도움이 된다.

06 선장(항해사)

관련 학과
항해학과
56쪽

1. 선장의 세계

NEWS

SINCE 1875

2011년 1월, 삼호 주얼리호는 선장이었던 필자를 비롯한 21명의 선원이 승선해 공업용 메탄올을 싣고 아랍에미리트를 출발해 스리랑카로 향하던 중 소말리아 해적 13명에게 납치됐다. 해적들이 승선한 것을 인지하자마자 선내 대피장소로 피했지만, 결국 3시간여 만에 발각되고 말았다.

해적들이 우리에게 국적이 어디냐고 묻기에 '코리아'라고 답하자, '꼬레아 꼬레아' 하면서 총을 위아래로 흔들며 미친 듯이 좋아했다. '야, 돈이다. 봉이다'라는 말로 들렸다. 대한민국을 자기들의 호구 또는 자금조달 창구로 생각하면서 자신들의 요구를 거절하지 못하는 힘이 없는 나라로 생각하는 것 같아 자존심이 무척 상했다. 바로 그때 '주

먹으로는 안 되지만 머리로는 너희들과 싸워 절대 지지 않겠다'고 결심했다. 선장으로서 선박을 최대한 이용하면서 싸우자고 생각했다. 무슨 좋은 수가 없을까 계속 싸울 방법을 생각했다.

피랍 이후 해적들의 본거지가 있는 소말리아 진입을 지연시키기 위해 엔진을 정지시킨 후 고장 났다고 속여 선박을 멈추게도 했고, 해적들이 지시하는 남쪽(소말리아)이 아니라 서쪽(오만)으로 선박이 진행하도록 해적들 몰래 뱃머리를 돌리기도 했다. 또한, 선박의 조타기를 고장 내 똑바로 항해하지 않고 지그재그로 항해하기도 했다. 매 순간 이러다 죽을 수도 있겠다는 생각에 식은땀이 흘렀지만, 필사즉생 필생즉사(必死則生 必生則死)의 신념으로 최대한 지연시키려 노력했다.

우리 해군이 여명작전에 앞서 시행한 1차 구조작전은 필자를 포함한 모든 선원이 생환의 희망을 갖도록 했다. 그러나 며칠의 시간이 흘러 소말리아 도착 직전이 되자, 이제는 정말 해적 본거지로 끌려가게 되나 싶어 절망감이 엄습했던 것도 사실이었다. 그만큼 여명작전은 은밀하게 준비되고 전개됐다.

출처: 아덴만 여명작전 7주년 특집. 국방일보(2018. 1. 21)

'해적'이라고 하면 바이킹이나 장보고가 있었던 옛날이야기나 영화 속에서나 나올 것이라고 생각할 것이다. 하지만 21세기에도 여전히 해적은 존재하며 해적들은 자동소총에 위성통신 같은 첨단 무기와 장비까지 갖추고 조직적으로 활동하면서 더욱 흉악해지고 있다.

예전에는 해적들이 배에서 돈이 될 만한 물건을 빼앗아 갔으나 이제는 선원을 납치

한 후 몸값을 요구하는 인질극 형태로 바뀌고 있다. 또한 기업형 해적들이 생겨나면서 피해액이 한 해에 7조 4천억 원을 넘은 경우도 있었다. 심지어 소말리아에서는 해적에게 투자해서 수익을 내는 해적 펀드 상품이 출시되기도 하였다.

이처럼 해적으로 인한 피해가 심각해지면서 나라마다 군대를 보내 자국의 배를 지키고 있는 실정이다. 우리나라도 2009년부터 아덴만(예멘과 소말리아 사이) 해역에 청해부대를 보내 선박을 보호하고 있다. 청해부대는 2011년에 소말리아 해적에게 납치당한 우리 선박을 구출하기 위해 '아덴만 여명' 작전을 펼쳐 선원 전원을 구하기도 했다.

2011년 당시 납치를 당한 주얼리호의 석해균 선장은 우리 부대가 납치된 선박을 빨리 따라 잡을 수 있게 지그재그로 배를 운행하고 배가 계속 멈추도록 엔진에 물을 넣도록 지시하는 등 기지를 발휘하여 작전을 성공시키기 위해 마지막까지 최선을 다하였다. 이렇게 위험천만한 상황에서 선장은 선박의 최고 책임자로서 선원과 선박의 안전을 책임지고, 선박의 지휘 권한을 가지는 등 중요한 역할을 하는 사람이다.

그것이 알고 싶다 선박의 국적이 중요한 이유는 무엇일까?

사람마다 국적이 있듯이 선박에도 국적이 있다. 선박을 구입하면 출항하기 전에 등록을 하는데 이때 국적을 선택하게 된다. 선박의 국적이 중요한 이유는 선박을 국가의 영토로 보기 때문이다. 이런 이유로 국제법상 공해*상의 모든 선박은 배의 뒷부분에 국적 국기를 반드시 달아야 하며 해당 국적의 국가만이 간섭할 수 있다. 국기가 없을 경우 해적으로 여겨 공격을 받을 수 있고, 두 개 나라 이상의 국기를 달면 무국적 선박으로 보아 처벌받을 수 있기 때문에 주의해야 한다.

선박 국적의 특수성 때문에 2001년 네덜란드에서 환자의 죽을 권리를 인정하는 '안락사'를 처음으로 합법화했을 때, 어떤 의사는 공해상의 네덜란드 국적 선박에 안락사 병원을 세우겠다고 한 적도 있었다.

*국제법상 모든 국가에 개방되어 있는 해역

2. 선장이 하는 일

선장은 배의 주인이거나 주인을 대신하여 선박의 운항을 관리하고 책임지는 최고 책임자로서 선박 안에서 이루어지는 모든 활동에 대하여 지휘하고 감독하는 권한을 가진다. 선장의 가장 중요한 임무는 선박을 목적지까지 안전하고 효율적으로 운항하는 것이다.

선박과 장비의 이상 유무를 점검하고, 문제 발생 시 수리하도록 지시한다.

선원에게 업무를 배분하고 지휘, 감독한다.

배 안의 모든 사람에게 안전수칙과 절차를 교육한다.

배에 화물을 싣고 내리기 위한 계획을 세우고 작업을 지시한다.

배의 항로와 속도를 조정하고, 운항 상태를 점검하며, 항해일지를 기록한다.

배에 위험이 생겼을 경우 탑승한 사람, 선박, 화물을 구조하는 데 필요한 조치를 한다.

선장(항해사)

항해 목적지와 거리, 기후 등을 확인하고, 뱃길(항로)을 정하는 등 항해 계획을 세운다.

선장은 배에 있는 수많은 사람의 생명과 화물의 안전을 책임져야 하기 때문에 무사히 목적지까지 안전 운항을 했을 때 또는 원유나 가스와 같이 산업 전반에 큰 영향을 미치는 원자재를 안전하게 운반했을 경우 자부심과 함께 큰 보람을 느낀다.

근무는 보통 1일 3교대 형태로 하고, 큰 선박의 경우 평균 8개월 정도 일을 하고 2개월 휴가를 받는다. 휴가 기간은 점점 늘어나는 추세이며, 근무 환경도 선박이 발전함에 따라 좋아지고 있다. 하지만 바다에서 일하기 때문에 활동 공간이 제한되고, 몇 개월에서 길게는 몇 년까지 가족과 떨어져 지내는 경우도 있다. 이런 어려움을 해결하기 위해 가족이 함께 배를 타고 다니는 '가족동승제도'를 운영하는 회사도 늘어나고 있다.

선장은 선박의 최고 책임자이기 때문에 운항 내내 긴장 상태를 유지해야 한다. 위기 상황이 벌어졌을 때 선장의 판단이 선박 전체의 안전을 좌우할 뿐만 아니라, 선박의 특

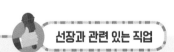 **선장과 관련 있는 직업**

선장과 함께 선박에서 일하는 선원에는 선장의 지시에 따라 항로를 결정하고 화물을 책임지며 위생 및 의료업무 등 갑판업무를 하는 항해사, 항해사의 지시에 따라 배의 방향을 바꾸는 장치인 키를 조종하는 조타수, 갑판시설과 장비를 다루고 유지 · 관리하는 갑판원, 엔진, 발전기, 보일러 등 배 안의 기계를 유지 · 보수하는 기관사 등이 있다.

이 밖에 선박과 관련한 일을 하는 직업에는 선박에 올라 선박이 안전하게 부두에 닿을 수 있게 배가 다니는 길을 안내하는 도선사, 선박이 바닷길을 안전하게 이동할 수 있도록 안전정보를 전달하고 해상교통을 정리하여 사고를 예방하는 교통경찰관과 같은 역할을 하는 해상교통 관제사, 해양 사고가 났을 때 사고의 원인을 밝히고 또다시 사고가 나지 않게 제도를 개선하는 해양안전 심판관 등이 있다.

성상 기름 유출과 같은 큰 환경 피해가 생길 수 있기 때문이다. 또한 국내 선박의 전체 선원 중 절반이 외국인으로 구성되면서 발생하는 의사소통의 어려움과 문화적인 갈등에 따른 문제에도 잘 대처해야 한다.

3. 선장에게 필요한 능력

선장은 바다에서 생활하는 시간이 많기 때문에 무엇보다 바다를 좋아해야 하고, 기계를 다루는 것에 흥미가 있으면 좋다. 또한 가족과 오랜 시간 떨어져 지내야 하는 특수성이 있어서 외로움을 견딜 수 있는 강한 정신력과 인내심이 필요하다. 항해와 관련한 전문 지식과 항해 장비를 다루는 기술을 갖추어야 하며, 전 세계를 항해하거나 외국인 선원도 많아 영어 등 외국어로 의사소통이 가능해야 한다.

선박이라는 한정된 공간에서 여러 사람과 같이 생활하기 때문에 대인관계가 원만하고 사교성이 좋으며, 인내심이 많으면 도움이 된다. 선장은 선원을 이끌어야 하기 때문에 리더십이 있어야 하고, 많은 사람의 안전을 책임져야 하기 때문에 책임감이 강해야 한다.

4. 관련 학과 및 자격증은?

- **관련 학과:** 항해학과, 항해정보시스템학부, 해양생산시스템관리학부, 해양산업·운송과학기술학부, 해양기술학부, 국제해사수송과학부 등
- **관련 자격:** 해기사(항해사 1~6급(상선, 어선), 소형선박조종사, 수면비행선박조종사), 도선사 등

 업종에 따른 선박의 종류

선박은 선원이 일하는 업종에 따라 5가지로 나눌 수 있는데, 배의 국적과 쓰임새, 운항경로를 기준으로 나눈다.

- 내항선: 한국 국적의 배로 국내항만 운항하는 선박
- 외항선: 한국 국적의 배로 국내항과 외국항, 외국항과 외국항을 운항하는 선박
- 연근해어선: 한국 국적의 배로 연근해(沿近海)에서 물고기를 잡는 선박
  연안과 근해를 합쳐 부르는 말로서, 수심 200M까지의 해역
- 원양어선: 한국 국적의 배로 원양구역에서 물고기를 잡는 선박
  연근해를 포함한 모든 해역
- 해외취업선: 외국 국적의 배로 한국인 선원이 타고 있는 선박

5. 선장의 직업 전망

국제적으로 무역량이 늘어나면서 전 세계 무역 운송의 90% 이상을 차지하는 선박산업도 확대되어 화물과 사람을 운송에 필요한 상선의 수요는 계속 증가하고 있다. 선장의 경우 60세 이상의 고령자가 늘어나면서 은퇴에 따른 신규 채용이 늘어날 전망이다. 다만, 한국인 선장보다 임금이 상대적으로 낮은 외국인 선장을 채용하는 경향이 늘고 있으며, 수년 안에 인공지능이나 원격으로 조정되는 무인선박이 도입될 예정이어서 전체적으로 보면 선장의 수요는 현 상태를 유지할 것으로 전망된다.

 선원의 분류

 선원은 직급별로 해기사(사관)와 부원, 업무별로는 보통 갑판부, 기관부, 조리부로 나눈다. 해기사는 배를 운용하는 데 필요한 해기사 면허를 가진 사람으로서 선장, 항해사, 기관사, 통신사 등을 말하고, 부원은 해기사 면허는 없고 선원수첩을 가진 사람으로서 해기사를 돕는 역할을 한다. 면허는 1급이 가장 높은 등급이며 등급에 따라 운항할 수 있는 배의 크기와 하는 일이 달라진다. 이와 별개로 '1~3등 항해사'는 배 안에서 맡은 직책에 따라 구분된다. 대형 선박에는 선장에서 3등 항해사까지 모두 있지만 선박이 작으면 선장만 있는 경우도 있다.

	갑판부	기관부	조리부
해기사	선장	기관부	
	1등 항해사	1등 기관사	
	2등 항해사	2등 기관사	
	3등 항해사	4등 기관사	
부원	갑판장	조기장	조리장
	갑판수	조기수	조리수
	갑판원	조기원	조리원

선장(항해사)

선장이 되려면 반드시 항해사 면허가 있어야 한다. 나라에서 지정한 관련 고등학교나 대학교를 졸업하고 해기사 자격시험을 통과하면 배를 운항한 승무 경력이 없어도 항해사 면허를 취득할 수 있다. 관련 고등학교 졸업자는 4급, 대학교 졸업자는 3급 항해사 면허를 받는다. 한국해양수산연수원과 같은 양성기관에서 6~9개월간 교육을 받고, 해기사 자격시험을 통과해도 승무 경력 없이 항해사 면허를 받을 수 있지만 교육기관을 거치지 않은 경우에는 승무 경력이 있어야 한다. 선박의 규모와 승무 경력에 따라 3~6급 항해사 면허를 받는다.

항해사가 되면 해운업체의 상선이나 어선에서 주로 일을 하고 해운업체의 운항팀, 안전품질팀 등과 같은 육상근무팀에서 일을 하기도 한다. 또한 선박검사를 하는 선급에서 선체검사, 조선업체의 시운전 부문, 해상보험업체에서 선체나 화물의 피해 감정 등의 업무도 한다. 이 밖에 공공기관이나 기술직 공무원으로 진출할 수 있고, 석사 이상의 학위가 있으면 해양 관련 연구기관의 연구원으로 취업하기도 한다. 보통 3등 항해사에서 시작하여 2등, 1등 항해사를 거쳐 선장이 된다.

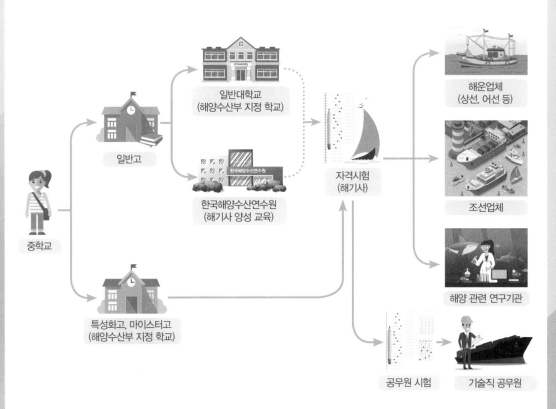

일반대학교
(해양수산부 지정 학교)

일반고

한국해양수산연수원
(해기사 양성 교육)

중학교

특성화고, 마이스터고
(해양수산부 지정 학교)

자격시험
(해기사)

해운업체
(상선, 어선 등)

조선업체

해양 관련 연구기관

공무원 시험   기술직 공무원

⬥ 선장(항해사)의 커리어 패스

대학교
관련 학과

항해학과

학과 소개

항해학과는 선원으로서
갖추어야 할 기본적인 지식과 태도를
배우고, 선박의 운항과 관리에 대한
전문 기술 등 항해와 관련한 연구를
하는 학과로서 해운산업에 기여할
수 있는 해운 전문 인력을
양성하고 있다.

진출 직업

선장 및 항해사, 도선사,
시추선 운항사 및 관리자,
선박기관사, 선박검사관, 해양안전
심판원, 선박관리 전문가, 항만
관제사, 해양교통 관제사, 해양 관련
연구원, 해양 관련 공무원,
국제해상 변호사 등

적성 및 흥미

바다에서 보내는 시간이 많기
때문에 바다를 좋아하고, 선박에 대한
관심과 흥미가 있는 학생에게 적합하다. 전
세계를 대상으로 항해를 하기 때문에 영어로
의사소통이 가능해야 한다.
거친 바다를 상대하기에 강한 도전정신과 자기 관리
능력이 요구된다. 선박에서 여러 사람과 오랜
시간을 같이 지내려면 사교성과 인내심도
필요하다. 무엇보다 선박의 안전을
끝까지 지키기 위한 책임감이
중요하다.

자격 및 면허

전파전자통신기능사 · 산업기사 · 기사,
의료관리자, 항로표지
기능사 · 산업기사 · 기사,
어로산업기사 · 기술사, 항해사
3급(면허), 도선사(면허) 등

진출 분야

★기업체★
해운업체, 선박관리업체, 해운중개업체, 조선소,
해상보험업체 등
★연구소★
해양 관련 연구소(한국해양연구원, 한국해양수산연수원,
한국해양수산개발원, 한국해양과학기술진흥원 등)
★정부 및 공공기관★
해양수산부, 항만공사, 해양안전심판원, 해양환경관리공단,
한국해사위험물검사원, 해양교통관제센터,
선박안전기술공단, 국제해사기구 등
★학계 · 교육계★
대학 등

관련 학과

항해학부,
항해정보시스템학부,
해양생산시스템관리학부,
해양산업 · 운송과학기술학부,
해양기술학부 등

★동아리 활동★

해양 관련 동아리 활동을 통해 전공 관련 지식을 늘리고 학생회와 같은 활동을 하면서 리더십을 쌓을 것을 추천한다.

★봉사 활동★

사회복지 관련 시설에서 진정성을 가지고 지속적인 봉사 활동을 하는 것이 좋다.

★독서 활동★

해양, 리더십, 인문학 등 다양한 분야의 책을 읽어 폭넓은 시각을 가지도록 노력하고, 관련한 내용에 대한 토의 · 토론 활동을 추천한다.

★교과 공부★

수학, 영어, 과학 교과 실력 향상에 힘쓰고 모둠 활동을 통해 의사소통 능력과 대인관계 능력을 기르도록 노력한다.

★교외 활동★

전공과 관련한 직업 체험과 직업인 인터뷰를 통해 실질적인 정보를 얻도록 한다. 대학에서 진행하는 전공 관련 진로 프로그램에 참여하는 것도 좋다.

※ 수학, 영어, 과학 교과 수상 경력이나 과학탐구대회 등의 수상 실적이 도움이 된다.

07 전기공학 기술자

관련 학과
전기공학과
64쪽

1. 전기공학 기술자의 세계

와이파이를 이용하는 것처럼 지하철이나 카페 등 일정한 공간 안에 있으면 휴대폰이나 노트북 배터리가 알아서 충전되는 와이파워(Wi-Power) 기술이 머지않아 실현될 전망이다. 현재 무선 충전 기술로는 12m 거리까지 충전이 가능하고, 전기자동차와 기차의 경우 도로나 철길을 달리면서도 충전이 가능하다.

전기버스의 경우 버스가 다니는 도로 밑에 전선을 심어 자기장을 만들면 버스 밑에 있는 집전장치를 통해 모은 에너지를 전기 에너지로 바꿔서 무선 충전이 가능하다. 기술이 발전하면 전선을 도로 밑에 모두 설치할 필요 없이 정류소에만 설치하면 사람들이 타고 내리는 동안 충전을 할 수도 있다.

우리나라에서는 경북 구미시가 2014년부터, 충남 세종시가 2015년부터 무선충전 전기버스를 운행 중이다. 더 나아가 2014년에는 1mW(메가 와트) 정도의 많은 전력이 필요한 고속열차를 충전 배터리 없이 무선으로 전기를 공급하여 운행하는 데 성공하였다. 1mW는 100kW(킬로 와트) 무선 충전형 전기버스의 10배가 되는 전력이다.

이러한 무선 전력전송 기술의 발전으로 우주 태양광 발전도 가능할 전망이다. 2030~2040년에 실용화될 것으로 전망되는 우주 태양광 발전은 우주에서 얻은 에너지를 무선 전력전송 기술을 통해 지구로 전달하는 기술이다. 우주에는 구름이나 밤이 없어 24시간 발전이 가능하고, 에너지 강도는 지상의 태양 에너지보다 2배나 높아 이용 가치가 높기 때문에 이 기술이 실현된다면 에너지 혁명이라 할 수 있다.

에디슨이 뉴욕에 발전소를 세워 처음으로 전력을 공급한 것이 1882년이다. 이후 현재의 무선 전력전송이라는 놀라운 발전이 있기까지 많은 전문가의 노력이 있었지만, 특히 전기를 연구 개발하는 전기공학 기술자의 공로가 크다고 할 수 있다. 위에서 말한 무선 충전이 일상화된다면 멀티탭이나 전선이 더 이상 필요 없을 것이고, 무선 전력전송이 실용화되면 건전지나 배터리도 필요 없는 세상이 될 것이다.

그것이 알고싶다 전기공학과 전자공학은 어떻게 다를까?

두 분야 모두 전류와 전압을 다루며, 대학의 학부 과정에서는 큰 차이점이 없다. 실제 두 학문 간의 차이가 줄어들면서 대학에서는 전기전자공학과 등으로 통합하고 있는 상황이다. 차이점이 있다면 전자공학에서 반도체를 좀 더 다룬다는 것과 전기를 보는 관점을 전기공학에서는 '에너지'로 보고, 전자공학에서는 '신호'나 '정보'로 본다는 것이다. 그래서 전기공학에서는 전기를 이용하여 어떤 일을 하느냐에 주로 관심을 두는 반면 전자공학에서는 전기를 통하여 어떤 시스템을 제어하느냐에 관심을 두고 있다. 이런 이유로 전기공학에서는 주로 강전(강전류 전기)을 다루고, 전자공학에서는 약전(약전류 전기)을 다룬다.

2. 전기공학 기술자가 하는 일

전기공학 기술자는 현대 인류 문명의 가장 중요한 전기에너지를 만들어 쓰는 곳까지 전달하는 데 필요한 장치 등을 연구 개발하고 설치·유지·보수하는 일을 하는 전문가이다. 전기가 모든 분야에 기반이 되는 에너지라 전기공학 기술자가 하는

일은 다양하지만 업무를 크게 구분한다면 전기를 만들고 전달하는 분야와 전기와 관련한 부품과 기기를 개발 및 생산하고 설치하는 분야로 나눌 수 있다.

발전부터 송전 · 변전 · 배전까지 안정적이면서 효율을 높일 수 있는 설비와 새로운 기술을 연구 개발한다.

발전소의 제어 시스템을 관리하고 발전과 관련된 기술적인 업무를 한다.

발전소와 송 · 변전설비의 배치를 계획하고 시공 및 관리 · 운영을 한다.

전력시설물의 계획서, 설계도면 등 설치 · 보수 공사에 관련한 서류를 작성한다.

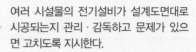

여러 시설물의 전기설비가 설계도면대로 시공되는지 관리 · 감독하고 문제가 있으면 고치도록 지시한다.

전기부품, 기기에 필요한 전기제어 시스템 등을 설계 · 개발 · 제조한다.

전기부품, 제품 등을 개발 · 설계 및 검사 · 평가한다.

송전 · 변전 · 배전설비의 안전을 위해 안전검사 및 사고조사, 예방을 위한 대책을 수립한다.

전기공학 기술자가 만든 전기는 사람이 생활하는 데 없어서는 안 될 에너지다. 모든 산업체와 가정에서 전기 없이 산다는 것은 이제 불가능할 정도이다. 전기를 사람의 혈액으로 본다면 전기공학 기술자는 발전소와 같은 심장과 전선인 혈관을 책임지고 있어서 그 역할이나 기여도가 크기에 느끼는 보람과 사명감이 클 수밖에 없다.

다른 한편으로는 정전이 될 경우 일상생활이 마비되고 사회 · 경제적 피해가 크기 때문에 이에 대한 책임감과 부담이 커서 스트레스를 받기도 한다. 정전과 같은 문제가 생

 전기공학 기술자와 관련 있는 직업

전기공학에는 다양한 분야가 있어서 발전설비 기술자는 전기를 만드는 데 쓰이는 발전설비를 연구 개발하고, 효율적인 운영을 위해 진단 및 기술 개발 업무를 한다. 송 · 배전설비 기술자는 더 나은 송 · 배전설비를 위한 연구 및 기술 개발과 기술지원 업무를 한다. 변전설비 기술자는 안정적인 변전설비를 위한 기술을 개발하고 운영에 필요한 연구를 한다. 전기계측제어 기술자(계장 기술자)는 전기설비를 안정적이고 효율적으로 운전하기 위하여 상태를 확인하고 제어하는 데 필요한 여러
↪ 전압, 압력, 온도, 시간 등을 재는 기계
계기(計器)와 제어 장치 및 시스템 등을 설계하고 개발, 제조, 관리 업무를 한다. 전기설계 기술자는 여러 시설물의 전기 공사와 관련하여 기본 계획을 세우고 설계를 한다. 전기감리 기술자는 전기설비를 안전하게 유지하기 위해 전기설비의 설계부터 시공까지 검토하여 이상이 있으면 고치도록 지시하고 운용도 감독하고 관리한다. 전기안전 기술자는 송전, 변전, 배전설비의 안전을 위해 안전검사를 하고 사고가 나면 사고조사와 예방을 위한 대책을 수립한다. 전기제품 개발 기술자는 전기제품과 부품 등을 개발하고 설계하는 일을 한다.

기면 최대한 빨리 복구하기 위해 24시간 비상근무를 할 때도 있고, 전기시스템은 일반적인 기계와 달라 오랜 시간 동안 문제의 원인을 찾기 어려운 경우도 있어 힘든 면이 있다.

전기와 관련한 작업을 할 때는 감전이나 화재와 같은 안전사고에 주의해야 한다. 연구 개발과 같은 일을 할 경우 실험실 같은 실내에서 주로 근무를 하고, 전기공사나 안전진단, 감리 등과 같은 업무는 주로 현장으로 출장을 나가 근무를 한다. 안전 점검을 하는 경우 야간이나 휴일에 근무를 하기도 한다.

 발전, 송전, 변전, 배전

전기가 만들어져서 우리에게 전달되기 위해서는 발전, 송전, 변전, 배전 등의 과정을 거친다. 발전소에서 발전(發電)을 통해 화학에너지, 열에너지 등을 전기에너지로 바꾸면 발전소에서 만든 전기를 변전소로 나르는데, 이를 송전(送電)이라고 한다. 변전(變電)은 전기를 먼 곳으로 보내기 위해서 전압을 올리고, 배전하기 위해 전압을 내리는 것을 말한다. 마지막으로 변전소에서 주택이나 공장 등 이용자에게 전기를 전달하는 것을 배전(配電)이라 한다.

3. 전기공학 기술자에게 필요한 능력

전기와 관련한 설비, 장비 등을 연구하기 위해서는 기본적으로 과학과 공학에 대한 지식이 필요하다. 새로운 시스템이나 기계를 개발하는 일은 호기심이 많고 전기 분야에 흥미가 있는 사람에게 적합하다. 또한 연구개발 분야가 많아 분석하고 탐구하는 자세가 필요하고 수많은 문제 앞에 포기하지 않고 끝까지 해보는 끈기가 필요하다. 전기 분야는 다양하고 여러 전문가와 같이 일을 많이 하기 때문에 대인관계 능력과 의사소통 능력이 중요하다. 이와 함께 정전이 되면 피해가 크기 때문에 최대한 빨리 복구하려는 책임감도 요구된다.

4. 전기공학 기술자와 관련된 학과 및 자격증

- **관련 학과:** 전기공학과, 전기전자공학과, 전기정보공학과, 전기전자통신공학부, 전기컴퓨터공학과, 전기전자컴퓨터공학과, 전기제어계측공학부, 제어계측공학과, 에너지전기공학과, 전기시스템공학과 등
- **관련 자격:** 전기기능사 · 산업기사 · 기사, 전기기능장, 전기공사산업기사 · 기사, 전기응용기술사, 전기안전기술사, 발송배전기술사, 건축전기설비기술사, 신재생에너지발전설비기능사 · 산업기사 · 기사, 전기철도산업기사 · 기사 · 기술사 등

5. 전기공학 기술자의 미래 전망

4차 산업혁명 시대로 가면서 전기 사용량은 계속 늘어나고 있는 실정이다. 전기 사용이 증가하면서 전기를 생산하고 전달하는 전기설비와 전문가의 수요도 증가하고 있다. 무엇보다 전기자동차 보급이 늘어나 일상화되면 전기 관련 부품이나 충전 시설물의 수요가 늘어날 것이다. 또한 기존의 전력망에 정보 기술을 결합하여 실시간으로 전력 공급자와 소비자가 정보 교환을 통해 에너지 효율을 최적화하는 스마트 그리드(smart grid) 산업의 발전과 태양광, 태양열, 풍력, 바이오 등을 이용하는 신재생 에너지 설비의 보급 확대, 전력계통과 연계한 배터리 수요가 증가하고 있어 이를 연구 개발하고 유지 · 관리하는 전문가가 더 필요할 전망이다. 따라서 전반적으로 보면 전기공학 기술자의 수요는 현재 상태보다 다소 증가할 것으로 예상된다.

 에너지 하베스팅(energy harvesting)

빗물을 재활용하여 허드렛물로 이용하듯이 우리가 생활하면서 버리는 에너지를 모아 전기 에너지로 재활용하는 기술을 에너지 하베스팅이라 한다. 돌아가는 자전거 바퀴, 체온, 사람이나 차가 도로를 지나갈 때 누르는 압력 등의 에너지와 와이파이 전파 신호 등을 이용해 전기 에너지를 얻어 사용할 수 있다.

에너지 하베스팅이 주목받는 이유는 에너지를 절약할 수 있다는 것과 작은 전자기기에 전원을 따로 공급하지 않아도 된다는 점이다. 그동안 전력을 전달하기 위한 배터리나 전선 때문에 전자기기의 크기를 줄이는 데 한계가 있었는데 에너지 하베스팅으로 문제를 해결할 수 있게 되었다.

에너지 하베스팅을 이용하면 인공심장의 배터리를 바꾸기 위해 수술을 할 필요가 없어지고, 체온을 이용해 스마트폰을 충전할 수도 있다. 무엇보다 사물 인터넷이 가능하려면 수많은 무선 센서가 필요한데, 이 무선 센서의 전원 문제를 에너지 하베스팅을 통해 해결할 수 있다.

전기공학 기술자

전기공학 기술자가 되기 위해서는 대학에서 전기공학과, 전기전자공학과, 전기정보공학과, 제어계측공학과, 전기시스템공학과와 같이 전기 관련 학과를 전공하거나 특성화고에서 전기 관련 과를 졸업하고 현장에서 실무 경력을 쌓는다.

또는 대학에서 전자공학, 통신공학, 원자력공학 관련 학과를 전공해도 가능한데 전기 분야에서도 반도체와 신호처리 같은 전자나 통신, 원자력 관련 기술이 쓰이기 때문이다.

대학에서 전기재료, 전력시스템, 시스템제어, 통신 등의 분야를 연구하여 졸업하면 주로 전력회사, 발전소, 전기기기 설비업체, 중공업, 통신회사, 자동차업체, 건설회사, 공공기관 등에 취업하여 전기 관련 업무를 한다. 연구 개발과 같은 일을 하려면 대학원에 진학해 전문적인 지식을 배워야 한다. 석·박사 과정을 거치면 기업 연구소, 국공립 전기 관련 연구소 등에서 일을 할 수 있다.

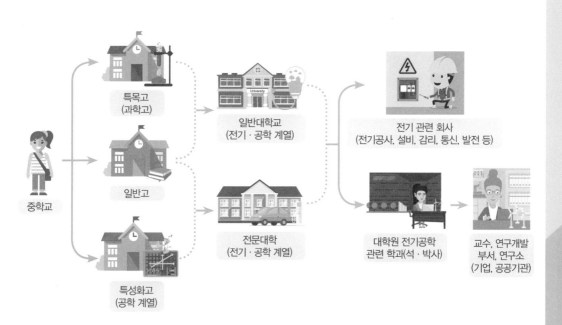

🔵 전기공학 기술자의 커리어 패스

전기공학과

학과 소개

전기공학은 전기와 자기의 흐름, 전기를 만들 수 있는 다양한 에너지원, 정보 전달의 소재인 전기에 대해 연구하고 이를 응용하는 학문이다. 전기공학과는 에너지를 생산, 전달, 소비하는 데 쓰이는 부품, 기기, 시스템에 대해 배우고 삶을 좀 더 풍요롭게 할 수 있는 미래기술을 연구하여 전기 분야에 기여할 수 있는 전문가를 양성하는 학과이다.

진출 직업

발전설비 기술자, 송·배전설비 기술자, 전기계측제어 기술자, 전기설비설계 기술자, 전기감리 기술자, 전기안전 기술자, 전기제품개발 기술자, 공학계열 교수, 기술직 공무원, 변리사, 공장자동화전기설비 기술자, 전기컨트롤패널설계 기술자, 전기장비 제조 및 수리 기술자, 전기 및 전자 설비 조작원 등

적성 및 흥미

전공을 배울 때 수학, 물리학, 화학이 기본이 되고 많이 쓰이기 때문에 이런 과목을 좋아하고 잘 하는 학생에게 유리하다. 전기 분야는 빠르게 발전하여 새로운 것을 잘 받아들이고 호기심이 많으면 도움이 된다. 연구 개발 분야가 많아 논리적이고 분석적인 자세가 필요하고 문제를 해결하기 위해 끝까지 포기하지 않는 끈기 있는 자세가 중요하다.

관련 학과

전기전자공학과, 전기정보공학과, 전기전자통신공학부, 전기생체공학부, 전기컴퓨터공학과, 전기전자컴퓨터공학과, 전기제어계측공학부, 제어계측공학과, 에너지전기공학과, 전기시스템공학과, 철도전기시스템학과, 철도전기융합학과 등

자격 및 면허

전기기능사 · 산업기사 · 기사,
전기기능장, 전기공사산업기사 · 기사,
전기응용기술사, 전기안전기술사,
발송배전기술사, 건축전기설비기술사,
신재생에너지발전설비기능사 · 산업기사 · 기사,
반도체설계산업기사 · 기사,
정보통신산업기사 · 기사,
전기철도산업기사 · 기사 ·
기술사 등

★기업체★
전력회사, 발전소, 전기기기
설비업체, 전기안전관리업체, 중공업 관련
업체, 통신회사, 자동차업체, 건설회사, 전기 관련
제조업체 등
★연구소★
전기 · 전자 관련 기업연구소, 정부출연연구기관 등
★정부 및 공공기관★
한국전기안전공사, 한국전력공사, 수자원공사,
기술직 공무원 등
★학계 · 교육계★
특성화고등학교, 대학 등
★기타★
변리사 등

진출 분야

★동아리 활동★

공학이나 과학 관련 동아리 활동을
통해 다양한 전공 관련 지식과 경험
을 쌓을 것을 추천한다.

★봉사 활동★

자원봉사 포털 등을 통해 봉사활동
기관을 찾아 진정성을 가지고 지속적
인 봉사 활동을 하도록 한다.

★독서 활동★

공학, 컴퓨터와 인문학 등 다양한 분
야의 책을 통해 융합적인 생각과 폭
넓은 시각을 가지도록 한다.

★교과 공부★

공학의 기본인 수학 교과에 신경을
쓰고 물리, 화학 등 과학 교과 학업
역량을 키우도록 노력한다.

★교외 활동★

관련 있는 박람회, 전시회 등을 자주
방문하고, 전공과 관련한 진로체험과
대학에서 진행하는 전공 관련 진로
프로그램에 참여하도록 한다.

※ 수학, 과학, 물리 교과 수상 경력이나 과학탐구대
회 등의 수상 실적이 도움이 된다.

08 스포츠 트레이너

관련 학과
물리치료학과
72쪽

1. 스포츠 트레이너의 세계

2000년 국내 프로야구 경기 도중 A 선수가 갑자기 호흡 곤란을 일으키며 쓰러져 병원으로 옮겨졌다. 하지만 그 선수는 의식을 회복하지 못하고 10년 동안 식물인간으로 지내다 2010년 눈을 감았다. 사고 당시 심폐소생술과 같은 응급 처치를 제대로 하지 못한 것을 의식 불명의 큰 원인으로 보고 있다.

이 사고를 계기로 응급 의료의 중요성이 커지면서 여러 안전 대책이 나오게 된다. 그 결과 2011년 프로축구 경기 도중 부정맥으로 쓰러진 B 선수와 2018년 프로축구 경기 도중 머리를 땅에 부딪치면서 의식을 잃었던 C 선수 모두 트레이너의 응급 처치를 받고 위기를 넘겨 목숨을 건졌다.

경기에 참가한 선수들이 승리를 위해 최선을 다하다 보면 넘어지거나 상대방과 부딪쳐 부상을 당하는 경우가 많다. 경기 중에 선수가 다쳤을 때 제일 먼저 경기장으로 달려가는 사람이 바로 스포츠 트레이너(sports trainer)이다. 경기를 하다가 응급 상황이 생겼을 때 어떻게 조치하느냐에 따라 부상 정도를 줄이거나 목숨까지도 살릴 수 있기 때문에 스포츠 트레이너의 역할은 매우 중요하다.

스포츠 트레이너는 운동선수의 부상을 예방하고, 체력을 관리하여 최상의 몸 상태를 유지할 수 있게 훈련시켜 경기에서 최고의 성적을 낼 수 있게 하는 전문가이다.

몸을 심하게 다치거나 수술을 한 선수들은 경기를 뛰지 못하고 오랜 기간 재활 훈련을 하게 된다. 재활 과정은 끊임없이 반복되는 운동을 하기 때문에 지루하고 긴 고통의 과정이다. 재활 운동을 할 때 오는 육체적 고통도 힘들지만 선수들이 견디기 힘들어 하는 건 무엇보다 '원래대로 회복해서 다시 뛸 수 있을까'하는 걱정과 두려움이다. 이럴 때 스포츠 트레이너는 선수가 끝까지 포기하지 않도록 정신적인 지지와 격려를 하고 경기에 뛸 수 있을 때까지 옆에서 돕는 중요한 역할을 한다.

스포츠 트레이너에는 선수(재활) 트레이너(AT, Athletic Trainer)와 체력 트레이너(PT, Physical Trainer)가 있다. 선수 트레이너는 재활 치료에 중점을 두어 주로 부상을 관리하고 재활 치료를 통해 부상당한 선수가 다시 복귀할 수 있게 돕는 역할을 한다. 체력 트레이너는 선수가 재활 이후 적응하는 것을 도우며 체력을 강화시켜 경기력을 높이고 최상의 컨디션으로 경기에 참가할 수 있게 한다.

그것이 알고싶다 근력 운동을 할 때 숨을 참으면 위험할 수 있다?

근력 운동을 할 때는 호흡을 잘 해야 혈액이 전달되어 운동 효과도 커지고 몸에 무리가 가지 않는다. 운동을 하다보면 큰 힘을 줄 때 종종 숨을 참는 경우가 있는데 이는 매우 위험할 수 있다. 근육에 힘을 줄 때 우리 몸은 많은 피가 필요해 혈압이 갑자기 높아지는데 고혈압이나 심장병이 있을 경우 매우 위험하다. 이때 숨을 내쉬어 혈류량을 조절해야 혈압이 급격히 올라가지 않는다. 그래서 근육에 힘을 줄 때 숨을 내쉬고, 힘을 뺄 때 숨을 들이마셔야 한다. 예를 들어 아령을 들 때는 숨을 내쉬고, 내릴 때 숨을 들이마시면 된다.

2. 스포츠 트레이너가 하는 일

스포츠 트레이너는 팀의 감독이나 코치와 상의하여 선수에 따라 필요한 근육과 체력을 기를 수 있게 프로그램을 설계하여 운동을 지시하고 영양관리도 함께 한다. 경기 중에는 선수가 어떻게 다쳤는지를 알아야 정확한 치료가 가능하기 때문에 경기 장면을 유심히 지켜본다.

감독 및 코치와 상의하여 선수 개인에게 필요한 운동 프로그램을 설계하여 근육과 체력을 향상시킨다.

선수의 심리 상태를 파악하여 최상의 컨디션을 유지하게 한다.

경기 전 선수의 부상 예방을 위해 관절 및 근육에 스포츠 테이핑을 한다.

스포츠 트레이너

선수가 부상당하면 응급 처치를 하고, 부상 정도가 심하면 의사에게 치료를 의뢰한다.

의사의 진단 결과에 따라 부상 선수의 재활 훈련을 계획하고 실시한다.

트레이닝 업무 보고서 작성과 같은 행정 업무를 한다.

스포츠 트레이너는 자신이 속한 팀이 우승했을 때 짜릿한 기쁨을 느낀다. 무엇보다 부상으로 걷지도 못하던 선수가 오랜 재활을 통해 다시 경기장에 나갔을 때 느끼는 보람이 가장 크다. 하지만 온 힘을 다해 재활을 도왔으나 몸이 나아지지 않아 선수가 끝내 운

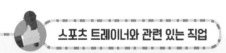

스포츠 트레이너와 관련 있는 직업

스포츠 트레이너처럼 신체를 강화하는 직업에는 고객의 운동 목적과 체력 등을 고려하여 운동을 지도·관리하여 운동 목표에 도달하게 돕는 퍼스널 트레이너(헬스 트레이너)가 있고(참고로 보디빌더는 트레이너가 아니라 몸의 근육을 키우고 가꾸는 전문 선수이다), 의학적인 검사 결과를 통하여 운동이 필요한 사람에게 가장 알맞은 운동을 알려주고 지도·관리하는 건강 운동관리사(운동처방사), 신체 교정이나 재활을 위해 수술이나 약물이 아닌 전기·운동 요법 등 물리적인 치료법을 사용하는 물리치료사, 신체적·정신적·사회적으로 장애가 있는 사람에게 스스로 일상생활을 할 수 있도록 활동을 통해 치료를 하는 작업치료사, 물을 이용하여 마비나 부상 등으로 지상에서는 하기 어려운 재활치료를 하는 수중 재활치료사가 있다.

스포츠 트레이너가 주로 일하는 프로 구단에는 스포츠 트레이너처럼 의무 스태프(의학팀)에 소속되어 선수가 훈련이나 경기 중에 다쳤을 때 응급 처치나 치료를 담당하는 의사인 팀 닥터(팀 주치의)가 있고, 선수가 특정한 기술을 익히도록 지도하는 스킬 트레이너(기술 코치), 상담을 통해 선수의 심리 상태를 최상으로 돌보는 스포츠 심리상담사(멘탈 코치), 다른 팀의 전력을 분석하고 경기 전략을 계획하는 전력 분석관, 외국인 선수의 통역을 담당하는 통역관 등이 있다.

동을 포기하게 되면 선수만큼이나 많이 힘들고 괴로움을 느낀다.

스포츠 트레이너는 선수의 일정에 맞추어 움직여야 하기 때문에 보통 경기가 많은 주말에 일을 하는 등 업무 시간이 불규칙적이다. 선수와 함께 합숙을 하기도 하고, 늦은 시간까지 선수들의 컨디션 회복을 위해 마사지나 스트레칭을 하는 경우도 있어서 개인적인 일정을 관리하는 데 어려움이 있다.

Tip⁺ 스포츠 트레이너, 퍼스널 트레이너, 물리치료사의 차이점

스포츠 트레이너, 퍼스널 트레이너(PT, Personal Trainer), 물리치료사(PT, Physical Therapist)는 모두 근육량을 늘리는 무산소 운동인 저항 운동을 통하여 신체 기능을 발달시킨다는 공통점이 있다.

차이점이 있다면 퍼스널 트레이너는 체력을 키우고 몸을 관리하여 병을 예방하는 성격이 강하고, 물리치료사는 아프거나 다친 몸을 고쳐 병을 치료하는 개념이다. 물리치료사는 의료적으로 치료를 하기 때문에 물리치료사 면허가 있어야 한다. 스포츠 트레이너 중에서도 체력 트레이너는 퍼스널 트레이너처럼 체력을 일러주는 역할을 하며, 선수 트레이너는 물리치료사처럼 주로 재활 훈련을 담당하고, 응급 치료와 식단 관리도 한다.

대상에도 차이가 있어서 스포츠 트레이너의 대상은 전문 운동선수이고, 퍼스널 트레이너와 물리치료사는 주로 일반인을 대상으로 한다. 이와 함께 체력 트레이너와 퍼스널 트레이너는 몸에 장애가 없는 사람을 대하고, 선수 트레이너와 물리치료사는 부상이나 통증처럼 몸에 이상이 있는 사람을 대한다. 다만, 물리치료를 통한 신체교정 운동이나 재활훈련은 법적으로 물리치료사만 할 수 있다. 그러나 선수 트레이너 중에 물리치료사 면허를 가지고 있는 경우가 많기 때문에 역할의 구분은 줄어들고 있다.

3. 스포츠 트레이너에게 필요한 능력

스포츠 트레이너는 기본적으로 운동을 좋아해야 하고, 자신이 담당하는 종목에 대해 잘 이해하고 있어야 한다. 운동 종목이나 공격수·수비수와 같은 포지션에 따라 자주 다치는 근육이 다르고, 집중적으로 트레이닝해야 하는 부위가 다르기 때문이다.

담당 종목에 대한 전문 지식과 함께 스포츠의학, 물리치료, 심리학, 영양학 등도 알고 있어야 효과적으로 트레이닝시킬 수 있다. 선수의 특성에 맞게 트레이닝시키기 위해서는 선수의 체력과 심리 상태를 파악하여 분석하는 능력, 선수를 가르치고 이끄는 지도력이 요구된다.

트레이닝 과정은 육체적·정신적으로 힘이 들기 때문에 강인한 체력이 필요하다. 프로팀이나 대학팀과 같이 선수들과 함께하는 경우 하루 종일 일을 하는 경우가 있어 체력이 뒷받침되지 않으면 안 된다. 특히 선수가 힘든 재활 치료를 무리 없이 마치기 위해서는 스포츠 트레이너에게도 강한 정신력과 인내심이 필요하다.

여러 선수들을 직접 대하고 오랜 기간 함께 지내야 하기 때문에 대인관계 능력과 의사소통 능력이 매우 중요하다. 트레이닝 실력이 좋아도 선수들과의 관계가 좋지 않으면 만족스러운 결과가 나오지 않기 때문이다. 이와 함께 육체적이나 정신적으로 아픈 선수를 만나기 때문에 배려하고 보살피는 마음이 무엇보다 중요하다.

4. 스포츠 트레이너와 관련된 학과 및 자격증

- **관련 학과:** 물리치료학과, 물리치료과, 재활학과, 스포츠재활학과, 스포츠의학과, 사회체육학과, 사회체육과, 체육학과, 체육교육과, 운동처방학전공 등
- **관련 국내 자격:** 건강운동관리사, 1 · 2급 생활스포츠지도사, 선수트레이너(민간 자격), 운동사(민간 자격), 물리치료사(면허) 등
- **관련 해외 자격:** ACSM–CPT, NSCA–CPT, NSCA–CSCS, NASM–CPT 등

5. 스포츠 트레이너의 직업 전망

스포츠 산업이 발전하면서 스포츠 트레이너의 수요도 증가하고 있다. 프로 스포츠의 경우 종목이 확대되고 트레이너 분야도 재활 치료, 체력 트레이닝 등 세분화되면서 이와 관련한 일자리가 늘고 있다. 아마추어나 동호인 스포츠도 함께 활성화되면서 체력 강화나 운동 치료를 하는 트레이너의 필요성이 증가하고 있다.

프로 구단에서는 선수의 부상이 구단의 손실로 이어지고 선수의 몸 관리에 따라 팀 성적이 좌우되면서 과거와 다르게 선수의 건강 관리와 부상 방지에 힘쓰고 있다. 이렇듯 스포츠 트레이너의 수요는 늘고 있으나 일할 수 있는 곳이 많지 않기 때문에 일자리가 크게 증가하지는 않을 것으로 예상된다.

스포츠 트레이너

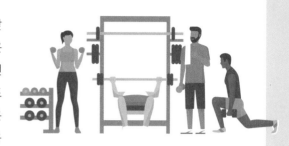

스포츠 트레이너는 사람의 몸을 이해하고 그에 맞는 운동을 처방하여 트레이닝하기 때문에 해부학, 운동 생리학, 병리학, 트레이닝, 재활, 영양학 등의 전문 지식을 알고 있어야 한다. 그래서 대학에서 스포츠의학과, 체육학과, 물리치료학과, 재활학과와 같은 체육·보건 관련 학과를 전공하는 경우가 많고 체육학과를 나와 물리치료학과로 편입하는 경우도 늘어나고 있다.

스포츠 트레이너가 되기 위해서는 자격증이 반드시 있어야 하는 것은 아니지만 취업처에서 자격증을 보는 경우가 많아 선수 트레이너나 운동사, 건강운동관리사 등의 자격증을 취득하면 취업에 도움이 된다. 다만, 재활 치료를 주로 하는 선수 트레이너를 하려면 물리치료사 면허가 꼭 있어야 한다.

주로 프로·아마추어 경기단체나 재활센터, 병원 등에 취업하며, 선수촌, 경기협회, 대기업 운동처방실 등의 취업도 가능하다. 프로 구단의 경우 신입은 거의 뽑지 않고 아마추어팀에서 스카우트하는 경우가 많아 취업을 위해서는 전문성과 함께 어느 정도의 경력을 쌓아야 한다.

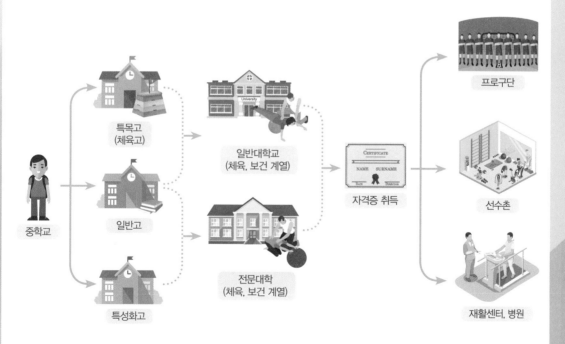

◔ 스포츠 트레이너의 커리어 패스

물리치료학과

학과 소개

물리치료학과는 해부학과 생리학을
통해 신체 구조와 기능을 배우고
임상운동학, 운동조절을 통해서 신체의
움직임을 익히며 운동치료, 물리치료 등을 배우고
연구하는 학과이다. 또한 운동치료나 전기, 열,
광선 등의 물리적인 요소를 이용하여 통증을
줄이고, 다친 신체 기능을 회복시키며,
재활을 돕는 치료를 연구하는 전문적인
물리치료사를 양성한다.

진출 직업

물리치료사, 스포츠
트레이너, 작업치료사,
임상운동사, 놀이치료사,
보육 교사, 치료 교사,
보건직 공무원 등

적성 및 흥미

사람을 직접 대하기 때문에 사교성이
있으면 도움이 되고, 치료를 제대로 하기
위해서는 환자와의 의사소통 능력이 필요하다.
환자를 상대하기 때문에 환자를 배려하고
보살피는 마음이 중요하고 봉사정신이 있어야
한다. 사람을 치료하는 일을 하기에 책임감도
요구된다. 치료를 하다보면 몸을 많이 쓰는
경우가 있어서 강한 체력을 유지하는
것도 중요하다.

중·고등학교
학교생활 포트폴리오

자격 및 면허

건강운동관리사
1·2급, 생활스포츠
지도사, 선수트레이너(민간
자격), 운동사(민간 자격),
물리치료사(면허),
작업치료사(면허) 등

★기업체★
종합병원, 개인병원, 한방병원,
요양병원, 요양원, 복지관, 스포츠 구단, 스포츠
시설, 실버타운 등

★연구소★
재활 관련 연구소, 스포츠 연구소 등

★정부 및 공공기관★
보건직 공무원, 공단, 재활 관련 정부기관,
장애인 복지관 등

★학계·교육계★
특수교육기관 등

진출 분야

관련 학과

물리치료과,
재활학과,
작업치료학과 등

★동아리 활동★

의료 관련 동아리 활동을 통해 전공
지식을 늘리고 구성원과의 교류를
통해 협업하는 능력을 기르는 것이
좋다.

★봉사 활동★

의료기관 등에서의 봉사 활동을 지속
적으로 할 것을 추천한다.

★독서 활동★

의학, 생물학, 인문학 관련 책을 통해
인성과 지성을 넓히고, 친구들과 책
과 관련한 내용을 토론해 보면서 의
사소통 능력을 기르면 좋다.

★교과 공부★

과학, 생물, 물리, 화학, 영어 교과 실
력 향상에 힘쓰고, 모둠 활동을 통해
협업 능력을 키우도록 노력한다.

★교외 활동★

의료 분야의 직업 체험을 하고 대학
에서 진행하는 전공 관련 진로 프로
그램에 참여하는 것을 권장한다.

※ 과학, 생물, 영어 교과 수상 경력이나 과학탐구대
회 등의 수상 실적이 도움이 된다.

09 비파괴검사원

관련 학과
금속공학과
80쪽

1. 비파괴검사원의 세계

　　비파괴검사를 실시하는 전문가를 비파괴검사원이라고 하고 흔히 '산업계의 의사'라고 말한다. 병을 진단하여 치료하는 의사처럼 비파괴검사원은 부품에서부터 구조물까지 산업 전반에 걸쳐 이상이 없는지 검사하여 사고를 예방하고 안전을 책임지기 때문이다.

　　비파괴검사가 제대로 이루어지지 않을 경우 기계나 구조물의 문제로 끝나지 않고 인명 피해로까지 이어질 수 있어 주의해야 한다. 우리나라에서 헬기가 추락하여 다섯 명이 숨진 사고(2018년)는 프로펠러와 관련한 부품에 금이 간 것이 원인이었다. 성수대교 붕괴 사고(1994년)나 삼품백화점 붕괴 사고(1995년)와 같이 건설 구조물에 문제가 생기면 많은 인명 사고가 나게 되므로 주의해야 한다.

선박은 여러 철판을 용접 작업으로 붙여서 만드는데, 용접이 제대로 되지 않아 불량이 생기면 물이 새거나 선체가 절단될 수 있어 위험하다. 원자력발전소의 경우 압력 용기에 문제가 발생했을 때 원인을 찾지 못하고 방사능 누출 사고가 발생한다면 피해 규모는 상상하기 어려울 정도다. 산업 기술이 발전하고, 기후 변화로 기계나 구조물이 극한 상황에 노출되는 경우가 많아지면서 비파괴검사의 중요성은 더욱 강조되고 있다.

비파괴검사의 기법과 장비가 발전하면서 이제는 전자 현미경, 음향 현미경 등을 이용하여 미세한 결함까지 찾아내고 있다. 중성자를 이용할 경우 항공기 엔진의 중요 부품인 터빈 날개의 미세 결함을 확인할 수 있어서 비행기 추락 사고를 예방할 수 있게 되었다. 이제는 단순히 문제점을 찾는 것뿐만 아니라 문제의 원인과 해결 방안까지 찾아낼 수 있으며, 원격으로 조정할 수 있는 비파괴검사 로봇도 등장하였다. 비파괴검사 로봇을 활용하게 되면 사람이 직접 확인하기 어려운 곳도 접근하여 안전 진단을 할 수 있다.

 비파괴검사의 종류

국내에서 주로 쓰이는 비파괴검사는 6가지로 방사선 · 초음파 · 자기 · 침투 · 와전류 · 누설 비파괴검사가 있다. 한동안 방사선 비파괴검사가 많이 쓰였으나 방사선을 사용한다는 문제 때문에 최근에는 초음파 비파괴검사가 더 많이 쓰인다.

• **방사선 비파괴검사:** 검사할 물체에 방사선을 비춰 투과량에 따라 변하는 필름의 농도 차이를 보고 결함을 검사한다.

• **초음파 비파괴검사:** 검사할 물체에 초음파를 쏘아 반사해 돌아오는 신호를 분석해 결함을 검사한다.

자석에 잘 붙는 물질로 된 물체

• **자기 비파괴검사:** 강자성체인 검사 물체에 자성을 띠게 한 후 미세한 강자성 입자를 뿌려 입자가 모여 생긴 모양을 보고 결함을 검사한다.

• **침투 비파괴검사:** 검사할 물체 표면에 액체를 바르고 닦은 후 침투되어 남아있는 흔적을 보고 결함을 검사한다.

도체의 내부에서 만들어지는 소용돌이 모양의 전류

• **와전류 비파괴검사:** 검사할 물체에 코일 등으로 자기장을 만들어 와전류(맴돌이 전류)가 생기게 한 후 와전류의 변화를 보고 결함을 검사한다.

• **누설 비파괴검사:** 검사할 물체에 액체나 기체를 넣고 밖으로 새거나 반대로 다른 물질이 안으로 흘러 들어가는 것을 보고 결함을 검사한다.

2. 비파괴검사원이 하는 일

비파괴검사원은 방사선, 초음파, 자기 등 다양한 검사 방법을 사용하여 검사할 대상을 변형시키지 않고 이상이 없는지 확인하는 일을 한다. 확인 방법은 크게 품질 평가와 수명 평가로 나눌 수 있다.

품질 평가는 주로 사용 전에 하는 검사로, 불량이 있는지 검사하여 불량이 나올 경우 바로 수정하여 제조 과정에서 재료와 시간을 줄일 수 있게 해 준다. 수명 평가는 주로 건물이나 장비 등을 사용하는 중에 하는 검사로, 안전 진단과 관련이 있다. 검사 대상에 이상이 있을 경우 보수하거나 보수가 어려운 경우에는 사용을 금지하게 한다.

제품이나 구조물에 대하여 검사 의뢰가 들어오면 의뢰 내용을 검토한다.

검사에 필요한 장비를 준비하고 설치한다.

검사 책임자와 검사자를 정하고 검사 계획서를 만든다.

검사 계획에 따라 대상물에 다양한 검사 방법을 적용하여 합격 여부를 판정한다.

검사 계획서에는 검사 대상물과 검사 방법, 평가 기준, 품질 보증 계획 등이 들어간다.

검사가 끝난 후 검사 결과를 정리하여 검사 결과서를 만들어 의뢰인에게 전달한다.

비파괴검사원은 '산업계의 안전을 책임지는 의사'로서, 특히 지하철이나 교량과 같은 공공 시설물의 사고를 예방하여 시민들이 안전하게 이용할 수 있도록 하기 때문에 직업에 대한 자부심과 보람을 느낄 수 있다.

비파괴검사 전문 업체에서 일하는 경우에는 보통 검사 장비를 가지고 검사 현장으로 가서 검사를 하고, 제조회사와 같은 회사에서 일하는 경우에는 주로 공장 안에서 일을 한다. 공사 현장에서 일하는 경우도 있어서 근무 환경이 좋은 편은 아니다. 또한 방사선

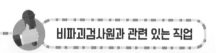

비파괴검사원과 관련 있는 직업

비파괴검사원처럼 품질을 검사하는 직업에는 제품의 재료 구입부터 생산까지 품질 기준에 맞게 관리하고 감독하는 품질관리 기술자, 건설에 쓰이는 자재에 대한 품질시험과 건설 현장을 점검하여 사고를 예방하는 건설공사 품질관리원, 열처리를 하여 가공한 금속 제품에 이상이 없는지 확인하는 열처리검사원이 있다. 이 밖에 식품분야에는 식품의 원료와 최종 식품 생산품이 표준에 맞는지 검사하고 등급을 매기는 식품가공검사원이 있고, 의료 분야에는 방사선을 활용하여 환자를 검사하고 질병을 치료하는 방사선사가 있다.

을 이용하여 비파괴검사를 할 때는 혹시라도 모를 피해를 막기 위해 사람들이 퇴근한 야간에 검사를 하는 경우도 있으며, 현장에 따라서는 높은 곳에 올라가 검사 작업을 해야 하는 어려움도 있다.

엑스레이와 티레이

  엑스레이(X-ray)를 이용한 비파괴검사는 병원이나 공항 검색대에서 흔히 사용하지만 방사선을 이용하기 때문에 인체에 유해하다는 단점이 있다. 이에 반해 티레이(T-ray)는 사용되는 에너지의 양이 엑스레이의 100만분의 1 정도로 작아 세포 조직에 피해가 거의 없다. 엑스레이에서는 벌레, 머리카락 같은 이물질이나 플라스틱으로 된 흉기, 가루 형태의 폭발물, 마약 같은 것을 찾아내기 어렵다. 하지만 티레이는 이런 것들을 모두 구별할 수 있으며 1㎜ 크기의 이물질도 판별할 수 있다. 그래서 엑스레이에서는 크기가 작아 발견하기 어려운 초기 암세포를 티레이에서는 세포 수준에서 찾아낼 수 있다. 이렇듯 티레이는 엑스레이보다 장점이 많아 '꿈의 전자파'라고 한다. 하지만 티레이는 선명한 영상을 얻으려면 광원을 안정적으로 확보해야 하는데 엑스레이에 비하면 기술 수준이 걸음마 단계라서 상용화까지는 갈 길이 멀다.

테라헤르츠(Terahertz) 방사선으로서 0.1~10THZ의 주파수를 가지고 있다.

3. 비파괴검사원에게 필요한 능력

  비파괴검사원은 일의 특성상 세심함이 요구되고, 현장에서 하는 일이 많아 체력도 중요하다. 검사와 관련한 지식과 기술을 바탕으로 장비를 다루고 적용하는 능력이 필요하며, 검사 결과를 이해할 수 있는 수리력과 분석력을 갖추어야 한다.

방사선을 다루기 때문에 방사선학과 관련된 안전 관리 지식은 필수적이며, 업무 특성상 검사 현장에서 일을 하는 경우가 많아 사람들과 잘 어울리는 대인관계 능력과 함께 업무 협의를 위한 의사소통 능력이 중요하다. 또한 비파괴검사는 많은 사람의 안전과 직결되어 있어서 책임감이 투철해야 하고, 무엇보다 검사 결과를 조작하지 않고 객관적으로 처리하는 직업윤리 의식이 필요하다.

4. 비파괴검사원과 관련된 학과 및 자격증

- **관련 학과:** 금속공학과, 재료공학과, 신소재공학과, 방사선학과, 기계공학과, 기계과 등
- **관련 국내 자격:** 방사선 · 초음파 · 자기 · 침투 · 와전류 · 누설 비파괴검사기사, 방사선 · 초음파 · 자기 · 침투 비파괴검사기능사 · 산업기사, 비파괴검사기술사, 국제표준비파괴 검사기술자자격(국제표준자격)
- **관련 해외 자격:** ISO 9712(국제표준자격), ASNT(미국비파괴검사학회자격) 등

5. 비파괴검사원의 직업 전망

비파괴검사는 거의 모든 산업에서 이용하고 있기 때문에 산업 분야에 따라 수요 차이가 있는데, 전체적으로 보면 비파괴검사원의 수요는 현재 상태를 유지할 전망이다.

비파괴검사에서 수요가 많은 산업은 조선과 건설 분야이

다. 조선 분야는 경기 침체가 끝나고 반등할 것으로 보이며, 건설 분야는 경기가 계속 좋지 않을 것으로 보여서 수요가 늘기는 어려울 것으로 보인다.

반면 항공 분야의 경우는 저가 항공사 실적이 좋아지면서 신규 비행기를 계속 늘리고 있어 항공 분야 비파괴검사원의 수요는 늘어날 것으로 예상된다. 또한 기존의 품질관리나 안전관리보다 국가 차원에서 지원하는 생명공학, 신재생 에너지 분야 등 첨단산업 분야에서의 비파괴검사 활용이 증가할 전망이다.

비파괴검사원

비파괴검사원이 되려면 특성화고등학교에서 기계, 전기 등을 전공하고, 비파괴검사 관련 자격증을 취득하면 가능하다. 대학교에서는 금속공학과, 재료공학과, 원자력공학과, 방사선학과, 전기과, 전자과 등을, 한국폴리텍대학이나 직업전문학교에서는 비파괴검사 관련 학과를 전공하는 경우가 많다.

비파괴검사원이 되려면 관련 자격증을 가지고 있는 것이 취업에 유리하다. 졸업 후에는 비파괴검사 전문 업체, 각종 제조회사의 품질관리 부서, 발전소, 조선소, 정유회사, 플랜트 공사업체, 항공·우주 관련 업체, 건설업체 등에서 일한다.

국제표준비파괴검사기술자 자격을 취득하면 해외에 수출하는 플랜트나 원자력 공사 등도 검사할 수 있어 경쟁력이 높아지고, 감리업체 등으로 취업하는 데 도움이 된다.

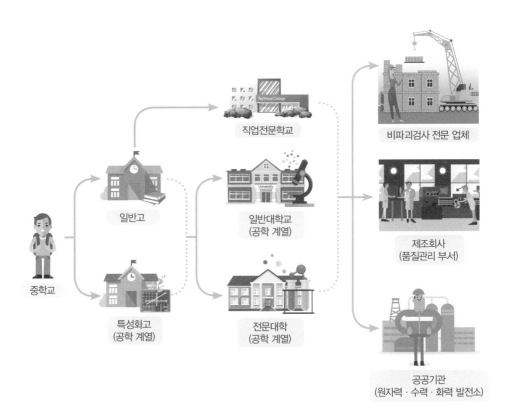

● 비파괴검사원의 커리어 패스

대학교 관련 학과 금속공학과

 학과 소개

금속공학과는 산업에 쓰이는
재료의 성질에 대해 이해하고, 재료의
구조와 조직을 연구한 것을 바탕으로
새로운 금속 재료를 만들거나 응용하는 기술을
탐구하는 학문이다.
금속공학과에서는 재료에 관한 전문 지식과
기술을 가지고 재료를 개발하거나 문제점을
개선하여 산업 발전에 기여할 수 있는
인재를 양성하고 있다.

 진출 직업

금속공학 기술자, 비금속재료공학
기술자, 고분자 재료공학 기술자,
나노공학 기술자, 반도체공학 기술자,
금속재료공학 시험원, 금속품질관리 기술자,
비파괴검사원, 태양광발전 연구 개발자,
금속가공 관련 검사원, 금속가공 관련
조작원, 도금 및 금속분무기 조작원,
공학계열 교수, 교사, 감정평가사,
변리사 등

 적성 및 흥미

수학, 화학, 물리 등 기초 과학을
좋아하고 사물에 대한 호기심이 강한
학생에게 적합하다.
재료에 대한 연구와 실험이 많아 중간에
실패하더라도 두려워하지 않고 끝까지 문제를
해결하는 끈기와 인내심이 필요하다.
재료의 특성을 연구하고 응용하기 때문에
분석적·체계적 사고를 할 수 있는
능력이 있으면 도움이 된다.

 관련 학과

금속시스템공학전공,
신소재금속공학과, 금속재료과,
재료공학과, 신소재공학과,
나노재료공학전공, 철강IT공학부,
금형신소재공학과,
제철산업과 등

중·고등학교
학교생활 포트폴리오

자격 및 면허

금속재료산업기사 · 기사,
금속재료기술사, 금속제련기술사,
금속가공기술사, 주조산업기사,
표면처리산업기사 · 기술사,
재료조직평가산업기사, 방사선 ·
초음파 · 자기 · 침투 · 와전류 · 누설
비파괴검사기사, 방사선 · 초음파 ·
자기 · 침투 비파괴검사
기능사 · 산업기사 등

진출 분야

★기업체★
제철소, 철강업체, 금속 가공업체, 금속재료
관련 업체, 신소재 생산업체, 태양광 산업체 등
★연구소★
금속 · 화학 관련 국 · 공립 연구기관 및 민간 연구소 등
★정부 및 공공기관★
기술연구직 공무원, 특허청 등
★학계 · 교육계★
고등학교, 대학 등

★동아리 활동★
화학이나 공학 등 전공 관련 동아리
활동을 통해 전공과 관련한 지식과
많은 경험을 쌓는 것이 좋다.

★봉사 활동★
사회 복지 시설이나 자원 봉사 포털
을 통해 봉사 활동 기관에 진정성을
가지고 꾸준히 봉사 활동을 하면 도
움이 된다.

★독서 활동★
공학, 화학, 인문학 등 다양한 분야의
독서를 통해 전공 지식을 쌓고 사고
의 폭을 넓히도록 한다.

★교과 공부★
수학은 기본적으로 꾸준히 관리하고,
물리, 화학 교과 분야의 학업 역량을
키우도록 노력한다.

★교외 활동★
전공과 관련한 진로 체험을 하고, 과
학 관련 전시회나 대학에서 진행하
는 전공 관련 진로 프로그램에 참여
한다.

※ 수학, 물리, 화학 교과 수상 경력이나 과학 관련
대회의 수상 실적이 도움이 된다.

10 산업공학 기술자

관련 학과
산업공학과
88쪽

1. 산업공학 기술자란?

산업공학은 산업 활동을 하면서 생기는 복잡한 문제에 대하여 수학과 공학적 원리를 이용하여 가장 효율적인 해결책을 찾고 개발하는 학문이다. 산업 발달에 따라 사업 규모가 커지고 변화의 속도도 빨라지면서 발생하는 여러 가지 문제를 해결하기 위해 경영학, 통계학, 컴퓨터공학 등을 접목한 산업공학의 개념이 등장한 것이다.

택배 분야만 보더라도 초기에는 배달할 물건이 많지 않아 특별한 문제가 없었으나 온라인 쇼핑으로 인하여 택배 물량이 폭발적으로 늘어나면서 빠르게 물건을 전달하는 데 어려움이 생겼다. 운반할 물건을 지역별로 나누고 차량 크기에 맞게 운반할 양을 조정하며, 배달하는 이동 경로와 교통 체증이 생기는 위치와 시간 등을 고려하면서 보다 빠르고 안전하게 배송하기 위해서는 전문가의 도움이 절대적으로 필요하게 되었다. 산업공학에서는 이처럼 고려해야 할 복잡한 사항을 종합적으로 연구해서 가장 최적화된 시스템을 설계한다.

산업공학에서 다루는 학문 분야는 다양하며, 필요에 의해 지금도 계속 늘어나고 있다. 대표적으로 수학과 통계학을 이용한 최적의 의사결정 과정을 연구하는 경영과학이 있고, 생산·물류계획 등 생산시스템의 설계와 운영을 다루는 생산관리, 제품을 만드는 데 필요한 기술을 연구하는 제조공학, 제품의 품질을 높이는 데 필요한 것을 연구하는 품질공학, 정보기술을 활용하여 체계적인 시스템 관리를 연구하는 정보시스템, 사람의 특성과 행동을 연구하는 인간공학 등이 있다.

산업을 오케스트라에 비유한다면 산업공학 기술자는 오케스트라의 지휘자라고 할 수 있다. 지휘자가 수십 명의 연주자들과 힘을 합쳐 하나의 곡을 조화롭게 완성하듯이 산업공학 기술자는 여러 생산 과정을 조율하고 관리하여 최적의 해답을 찾는다. 4차 산업혁명으로 산업 간 융합과 연결이 중요해지면서 모든 분야를 아우르는 산업공학 기술자의 역할은 더욱 커질 것이다.

그것이 알고싶다 인간공학은 산업공학과 어떤 관계가 있을까?

인간공학은 인간의 특성과 한계를 연구해서 제품이나 환경 등을 사람이 사용하기 편하고 안전하도록 설계하는 학문이다. 즉 인간공학을 통해 사람과 기술 사이의 간격을 좁히는 것이다.

산업공학은 효율적인 시스템을 만들고 이용하는 것에 큰 목적이 있는데, 만들어진 시스템을 사용하는 것은 바로 사람이다. 아무리 좋은 시스템이라고 해도 사람에게 적합하지 않으면 의미가 없기 때문에 산업공학에서는 인간공학을 활용하여 사람에게 잘 맞는 시스템을 만들어 낼 수 있다.

인간공학은 산업디자인과나 체육학과에도 일부 과정이 있지만 전문적으로 공부하려면 산업공학과를 전공하는 것이 좋다.

2. 산업공학 기술자가 하는 일

　　산업공학 기술자는 복잡한 산업 활동을 공학기술과 과학적 경영기법을 이용하여 최적의 시스템을 만들고 운영하는 일을 한다. 마치 우리가 자동차를 운전할 때 목적지까지 가장 적합한 길을 안내해 주는 내비게이션과 같은 역할을 하는 것이다.

데이터를 통해 사업 경제성 분석, 사업전략, 경영관리 방법을 찾는다.

데이터를 분석하여 제품의 품질을 높일 수 있는 품질관리 시스템을 개발하고 관리한다.

재료, 사람, 설비를 효율적으로 활용할 수 있는 생산계획을 세우고, 최적화된 생산 시스템을 개발한다.

제품의 원료, 보관, 운송 등을 최적화하는 물류 시스템을 개발하고 자문한다.

공장의 설비를 컴퓨터 시스템을 통해 자동화하는 기술을 개발하고 자문한다.

　　산업공학 기술자는 일을 하면서 다양한 사람들을 만나게 되고 실험을 하는 일이 적다. 보통 실내에서 일을 하며 생산 현장을 관리하는 경우 근무 시간이 규칙적인 편이다. 자신이 새롭게 만든 시스템으로 인하여 사람들이 만족해하고 회사에 큰 이익을 가져다줄 때 보람과 성취감을 느낀다.

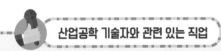

산업공학 기술자와 관련 있는 직업

　　산업공학 기술자는 담당하는 업무에 따라 제품을 최적의 상태로 생산하기 위해 생산계획을 세우고 공정을 관리하는 생산관리 기술자, 의사결정자가 합리적인 의사결정을 할 수 있게 과학적인 방법을 사용하여 정보를 제공하는 경영과학 전문가, 공장의 일정 계획부터 포장까지 효율적이고 과학적으로 공장을 관리 · 운영하는 공장관리 기술자, 물품이 이동하는 전 과정을 효율적으로 관리하여 배송 시간과 비용을 줄이는 물류 전문가, 경영관리에 필요한 정보를 분석하여 생산성을 높일 수 있는 정보시스템을 만드는 경영정보시스템 전문가, 작업 환경을 인간공학적으로 작업자 특성에 맞게 바꿔 업무 효율을 높이고 작업자를 보호하는 인간공학 기술자, 품질을 유지하기 위해 검사 · 관리하며 품질 비용을 최소화하는 품질관리 기술자 등으로 나눠진다.

　　이와 함께 산업공학 기술자처럼 데이터 분석을 주로 하는 직업에는 수많은 데이터를 분석하여 새로운 가치를 만들어내는 빅데이터 분석 전문가, 방대한 데이터를 업무에 알맞게 설계하고 데이터베이스를 구성하여 운영하는 데이터베이스 개발자, 스포츠 경기의 내용과 결과를 데이터로 기록하고 과학적으로 분석하는 스포츠 기록분석 전문가 등이 있다.

산업공학 기술자는 삽도 연구한다?

산업공학의 아버지로 불리는 테일러(Frederick Winslow Taylor, 1856~1915)는 처음으로 일(work)을 과학적으로 분석하였다. 테일러가 철강회사를 다니던 당시 노동자들은 삽으로 목탄이나 철광석을 운반하였는데, 생산성이 매우 떨어졌다. 이러한 문제를 해결하기 위해 테일러는 노동자가 작업하는 모습을 관찰하여 목탄은 가볍고 철광석은 무거운데 나르는 삽은 모두 같아 효율이 떨어지는 문제점을 찾았다. 테일러는 다양한 연구를 통해 한 삽의 무게가 10kg 정도 될 때 생산성이 가장 높은 것을 발견하였으며, 이를 바탕으로 나르는 원료에 따라 삽의 크기를 다르게 만들어 큰 성과를 이루었다.

3. 산업공학 기술자에게 필요한 능력

산업공학은 기본적으로 통계를 다루기 때문에 수학을 좋아하고 사회 과학에 관심이 많은 사람에게 적합하다. 데이터를 분석하여 해결 방안을 찾기 위해 분석력과 체계적이고 논리적인 사고력이 필요하며, 여러 생산 과정을 조율하고 관리하기 위해서는 나무뿐만 아니라 숲을 볼 줄 아는 통찰력과 종합적인 판단력이 있어야 한다. 또한 새로운 시스템을 기획하고 개발하려면 기획 능력과 함께 끝까지 이루어내는 끈기와 추진력이 필요하며, 컴퓨터를 활용하여 자료를 분석하고 최적화하기 위해 프로그래밍 능력이 요구된다. 공정 전체를 아우르는 특성상 여러 사람들을 상대하기 때문에 원만한 대인관계를 위한 의사소통 능력과 협업 능력도 필요하다.

4. 산업공학 기술자와 관련된 학과 및 자격증

- **관련 학과:** 산업공학과, 산업시스템공학과, 산업경영공학과, 시스템경영공학과, 산업설비자동화과, 산업정보공학과, 산업경영시스템공학과, 안전보건학과 등
- **관련 국내 자격:** 품질경영산업기사·기사, 산업안전산업기사·기사, 산업안전지도사, 사회조사분석사, 공장관리기술사, 품질관리기술사, 인간공학기사·기술사, 물류관리사, 전자상거래관리사, 정보처리산업기사·기사 등
- **관련 해외 자격:** CPIM(국제공인생산재고관리사) 등

5. 산업공학 기술자의 직업 전망

산업공학 기술자의 수요는 현재보다 다소 증가할 것으로 예상된다. 산업이 발달함에 따라 경영 과정이 더욱 복잡하고 다양화되면서 이를 해결하는 산업공학 기술자의 역할은 더욱 커지고 있기 때문이다. 제품 경쟁이 치열해지면서 각 기업들은 제품을 만드는 데

들어가는 비용은 줄이고, 질은 더 높이기 위해 생산 시스템을 더욱 최적화하고 있다. 이와 함께 4차 산업혁명 시대에 발맞춰 인공지능을 활용하여 자동화 시스템을 확대하고 있고, 국가 차원에서도 제조업의 경쟁력을 높이기 위해 스마트 공장을 늘리고 있다.

이에 생산이나 품질관리처럼 기존에 산업공학 기술자가 많이 진출한 분야의 수요는 현재 상태를 유지하고, 자동화 시스템을 개발하고 운영하거나 기업의 정보 시스템을 설계 · 운영하고 효율성을 높이는 데 필요한 소프트웨어를 개발하는 분야는 수요가 늘어날 전망이다.

산업공학 기술자

　산업공학 기술자가 되려면 대학에서 산업공학과, 시스템경영공학과, 산업설비자동화과, 경영과학과 등 산업공학 관련 학과를 전공하는 것이 무난하다. 대학에서는 산업과 관련한 시스템을 구성하고 관리하는 방법에 대해 배우고 경영과학이나 생산관리, 제조공학, 품질공학, 인간공학, 금융공학 등을 다룬다.

　기획에서 운영까지 산업의 전 과정을 연구하여 여러 산업 분야에 적용 가능하기 때문에 다양한 산업 분야로 취업이 가능하다. 보통 IT 업체, 제조업체, 정보통신업체, 유통업체, 무역업체 등에 취업하고, 과학적인 관리가 필요한 공공기관, 금융기관, 병원, 호텔 등에서도 일을 할 수 있다.

　일반적으로 기업체에서는 IT 기획, 경영기획, 시스템 개발, 마케팅 분야에서 업무를 한다. 연구개발 분야나 IT 컨설팅업체, 시스템통합(SI) 업체에서 일을 하려면 석사 이상의 학위가 필요한 경우도 있다.

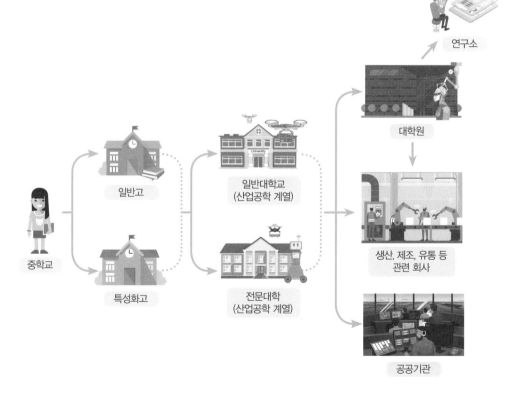

연구소

대학원

일반고

일반대학교
(산업공학 계열)

중학교

특성화고

전문대학
(산업공학 계열)

생산, 제조, 유통 등
관련 회사

공공기관

◎ 산업공학 기술자의 커리어 패스

산업공학과

학과 소개

산업공학과는 사람이 만든 다양한 시스템을 연구하는 학문으로, 시스템을 구성하는 모든 요소를 효과적으로 조정하여 효율성을 높이고 최적화하는 방법을 개발하고 운영하는 것을 배운다. 이를 통해 불필요한 비용과 시간을 절약하여 우리의 삶을 좀 더 풍요롭게 하는 데 궁극적인 목표가 있다.
산업공학과에서는 공학기술과 과학적 경영기법을 이용하여 문제를 해결하고 더 나은 시스템을 만들고 운영할 수 있는 전문 인력을 양성하는 학과이다.

진출 직업

산업공학 기술자, 산업안전원, 생산관리 기술자, 경영과학 전문가, 공장관리 기술자, 물류 전문가, 경영정보시스템 전문가, 인간공학 기술자, 품질관리 기술자, 경영 컨설턴트, 변리사, 공학계열 교수, 위험관리원, 품질인증심사 전문가, 컴퓨터시스템설계 분석가, 전자계측제어 기술자 등

적성 및 흥미

기본적으로 수학을 좋아하고 경제 · 경영에 관심이 있으며, 사회 과학 등 다양한 영역에 호기심이 있는 학생에게 적합하다. 산업공학은 시스템을 개발하기 때문에 세부적인 것과 함께 여러 분야를 전체적으로 조망하는 능력이 필요하다.
데이터를 분석하여 문제점을 찾아 개선 방안을 내기 위해서 분석적이고 논리적으로 사고하는 것이 중요하고 평소에 체계적이고 합리적인 의사결정을 하면 도움이 된다.

관련 학과

산업시스템공학과, 산업경영공학과, 시스템경영공학과, 산업설비자동화과, 산업정보공학과, 산업경영시스템공학과, 산업정보시스템전공, 생산경영공학과, 산업융합학과, 안전보건학과 등

★자격 및 면허★

★국내 자격★

품질경영산업기사·기사, 물류관리사,
산업안전산업기사·기사, 산업안전지도사,
사회조사분석사, 공장관리기술사,
품질관리기술사, 인간공학기사·기술사,
전자상거래관리사, 정보처리산업기사·기사 등

★해외 자격★

CPIM(국제공인생산재고관리사) 등

★진출 분야★

★기업체★

IT 기획, 생산관리, 품질, 경영기획,
시스템 개발, 마케팅, 안전공학 분야,
시스템통합(SI) 업체, 컨설팅업체, 유통업체,
무역업체, 금융기관, 병원, 호텔 등

★연구소★

공공 연구기관, 기업체 연구소 등

★정부 및 공공기관★

산업시스템·산업안전·IT 관리 관련 부서,
산업통상자원부 유관기관(한국생산성본부,
한국표준협회) 등

★학계·교육계★

대학 등

★동아리 활동★

경영 관련 동아리 활동을 통해 전공
과 관련한 지식과 많은 경험을 쌓으
면 좋다.

★봉사 활동★

사회 복지 관련 시설 등에서 지속적
인 봉사 활동을 하면서, 효율성을 높
일 수 있는 방안을 제안하면 좋다.

★독서 활동★

경영학, 공학 분야의 책과 사회 과학,
인문학 관련 책을 통해 폭넓은 시각
을 가지는 것을 권장한다.

★교과 공부★

수학, 과학 관련 교과 실력 향상에 힘
쓰고 모둠 활동 때 적극적으로 참여
하여 의사소통 능력과 협업 능력을
키우도록 노력한다.

★교외 활동★

대학에서 진행하는 전공 관련 진로
탐색 프로그램과 전공 관련 직업 체
험에 참여하는 것을 권장한다.

※ 수학, 과학, 기술·가정 교과 수상 경력이나 협업
능력을 위해 공모전이나 프로젝트에 참여하는 것
도 도움이 된다.

II 경호원

관련 학과
경호학과
96쪽

1. 경호원의 세계

최근 들어 불특정 다수에게 피해를 주는 묻지마 형태의 폭력이나 살인, 성폭력 등 강력 범죄가 늘고 있고, 특히 여성이나 아이를 둔 부모들의 불안감은 일상이 되었다. 이런 이유로 개인의 안전을 위한 개인 경호 서비스는 이제 연예인이나 고위 관료와 같은 특별한 사람들만을 대상으로 하지 않는다. 여성이나 학교 폭력에 시달리는 청소년 등 일반 사람들을 대상으로 하는 경호 서비스의 수요가 점점 늘고 있는 추세이다.

일반인을 대상으로 하는 경호 이외에도 대통령과 같은 국가 주요 인사에 대한 경호도 중요하다. 경호를 제대로 하지 못해 국가의 주요 인사가 크게 다치거나 암살될 경우 해당 국가의 미래가 달라지기도 하고 더 나아가 전 세계에 영향을 줄 수도 있다.

대표적인 사례로 1914년 오스트리아 황태자 부부가 보스니아의 수도 사라예보에서

19세의 대학생 청년에게 암살된 사건이 있었는데, 이 사건으로 인해 1차 세계대전이 시작되었다. 이외에도 에이브러햄 링컨(Abraham Lincoln), 마틴 루터 킹(Martin Luther King), 고종, 김구, 박정희 등 수많은 유명 인사와 국가 지도자들의 암살 사건이 있었는데, 만약 그때 경호를 잘 해서 이러한 사건들이 일어나지 않았다면 지금 우리는 전혀 다른 상황에서 살고 있을 수도 있다.

그것이 알고싶다 기미상궁도 경호원이라 할 수 있을까?

조선시대의 왕에게 수라상이 나오면 기미상궁은 작은 그릇에 반찬을 골고루 조금씩 덜어서 왕보다 먼저 음식을 먹어 보았다. 이것은 음식의 맛을 보는 것이 아니라 독(毒)이 있는지 검사하는 것이다. 이것을 "기미(氣味)를 본다."라고 하는데, 요즘으로 보면 경호원이 음식 검사(검식)를 하는 것과 같다.

2. 경호원이 하는 일

경호원은 경호를 해야 하는 사람의 생명을 보호하거나 시설물에 대한 안전을 보장하고 재산을 지키는 일을 한다. 박람회나 전시회, 콘서트 등의 행사장을 경호할 때는 행사장의 질서를 유지하고, 사람들의 출입을 통제하며, 특정인의 돌출 행동을 막는 업무를 수행한다.

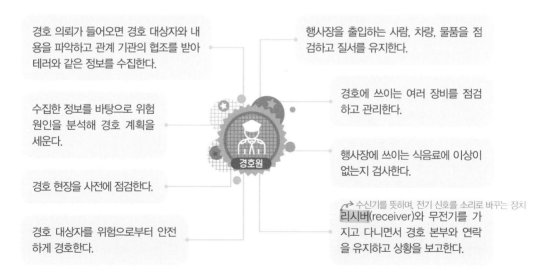

경호 의뢰가 들어오면 경호 대상자와 내용을 파악하고 관계 기관의 협조를 받아 테러와 같은 정보를 수집한다.

수집한 정보를 바탕으로 위험 원인을 분석해 경호 계획을 세운다.

경호 현장을 사전에 점검한다.

경호 대상자를 위험으로부터 안전하게 경호한다.

경호원

행사장을 출입하는 사람, 차량, 물품을 점검하고 질서를 유지한다.

경호에 쓰이는 여러 장비를 점검하고 관리한다.

행사장에 쓰이는 식음료에 이상이 없는지 검사한다.

수신기를 뜻하며, 전기 신호를 소리로 바꾸는 장치
리시버(receiver)와 무전기를 가지고 다니면서 경호 본부와 연락을 유지하고 상황을 보고한다.

경호 대상에 따라 공무원이 경호하는 공(公)경호와 민간에서 하는 사(私)경호가 있다. 사경호의 경우 시설이나 장소에서 도난·화재 등의 위험 발생을 막는 시설 경비 업무,

현금·귀중품 등을 안전하게 운반하는 호송 경비 업무, 무인 경비 시스템과 같이 감지 장치를 이용해 위험 발생을 막는 기계 경비 업무, 국가 중요 시설을 지키는 특수 경비 업무 등으로 나눌 수 있다.

그것이 알고 싶다 · 경호원은 총을 가지고 다닐 수 있을까?

우리나라는 법적으로 총기를 소유할 수 없으며, 총기를 가지고 다니려면 허가를 받아야 한다. 일반적으로 경호원은 가스총을 가지고 다닌다. 법적으로 실탄을 장전한 총기를 사용할 수 있는 경호원은 대통령경호원, 청원경찰, 특수경비원(공항, 원자력발전소 등 국가 중요 시설에 대한 경비 및 도난, 화재 그 밖의 위험 발생을 방지하는 업무를 담당) 정도라고 보면 된다. 그나마도 근무 중에만 총기를 휴대할 수 있도록 엄격히 제한하고 있다.

경호원은 누군가를 위험으로부터 지켜내고 도울 수 있기에 일을 하면서 얻는 보람이 크다. 더욱이 대통령이나 국가의 중요한 자리에 있는 사람을 무사히 경호하여 임무를 마쳤을 때에 만족감과 자부심은 대단히 클 것이다. 하지만 어려운 점도 많다. 근무 시 항상

긴장한 상태를 유지해야 하고, 경호를 하다 보면 의뢰인을 몇 시간씩 기다리는 일이 많아 정신적·육체적으로 힘이 든다. 또한 의뢰인의 일정에 맞춰 근무를 해야 하기 때문에 주말이나 새벽, 야간에도 일을 하는 경우도 많다.

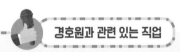

경호원과 관련 있는 직업

경호원과 같이 경호, 경비 업무를 하는 직업에는 대표적으로 국민의 생명을 지키는 경찰관, 공공기관, 국가 중요 시설, 은행 등에서 시설을 보호하고 경비를 담당하는 청원 경찰, 국가 기관의 청사 출입자와 시설물 관리, 보안과 같은 경비를 하는 방호직 공무원(방호관), 법정의 질서 유지 및 법원 청사의 경비를 하는 법원보안 관리대원, 교도소나 구치소, 소년원 등에 배치되어 재소자를 관리, 교육하는 교정직 공무원, 국회 회의장 내 경호와 질서 유지, 출입자 검문·검색을 하는 국회 경위(국회 회의장 건물 밖은 국가 경찰 공무원이 경호한다.), 지하철 열차 및 역사 내 질서 유지, 지하철 범죄 예방 및 순찰 활동을 하는 지하철 보안관 등이 있다. 이 밖에 대통령경호처에는 경호가 아닌 사무, 관리, 운전, 정비, 의무, 교관 등의 업무를 보는 공무원도 있다. 기관이나 기업의 수행비서의 경우 주로 일정 관리, 사무 관리 등을 하지만 기관장이나 회장의 신변을 보호하는 일을 할 때도 있다.

대통령경호처와 101경비단

대통령경호처는 대통령과 그 가족을 경호하는 임무를 맡고 있다. 매년 1회 공개 채용을 하고 전공에 관계없이 응시 자격을 갖추면 누구나 지원이 가능하다. 응시 자격으로는 만 30세 이하, 공인영어성적 기준 점수 이상 등이 있으며, 키와 시력에 대한 제한 규정은 2018년부터 없어졌다. 또한 서류전형, 필기시험, 체력검정 등 절차가 까다롭고 경쟁률도 높다.

101경비단은 서울지방경찰청 소속의 경찰기관으로 대통령경호처에 파견되어 청와대 내부의 경비를 담당한다. 남자는 매년 2회 공개 채용을 하며 여자는 경찰관 중에서 별도로 선발한다. 학력은 제한이 없고 키, 몸무게, 시력, 운전면허 등 응시 자격이 까다로운 편이다.

3. 경호원에게 필요한 능력

경호원은 의뢰인의 생명과 안전을 다루기 때문에 사명감과 희생정신이 무엇보다 중요하다. 경호에 있어서 위험한 상황이 일어나지 않게 예방하는 것이 우선이지만 의뢰인이 위험에 빠지는 극한 상황에 처했을 때 자신을 몸을 던져 의뢰인을 보호해야 하는 것이 경호원이기 때문이다.

희생정신과 함께 자기 관리도 철저해야 한다. 완벽한 경호를 위하여 끊임없이 훈련을 해야 하고, 신체를 단련하기 위해서 꾸준한 운동과 식단 관리도 필요하다. 의뢰인을 경호하다보면 업무상 중요한 기밀이나 개인적인 사생활에 대해 알게 되는 경우가 있는데 보고 들은 것은 끝까지 비밀을 지키는 책임감은 필수이다.

또한 혼잡한 상황 속에서 의뢰인의 안전을 위해 주변을 살피며 계속 긴장을 하다보면 쉽게 지칠 수 있어서 정신적·육체적으로 강인해야 하며, 돌발 사태에 대처하기 위하여 빠른 판단력과 상황 대처 능력을 갖추는 것이 중요하다. 무도 능력은 기본적으로 필요하고 의뢰인이 해외를 가거나 외국인인 경우도 있어서 외국어 능력도 갖추면 좋다.

4. 경호원과 관련된 학과 및 자격증

- **관련 학과:** 경호학과, 경호경비학과, 경호무도학과, 무도학과, 경찰행정학과, 체육학과 등
- **관련 자격:** 일반경비지도사, 기계경비지도사, 신변보호사(한국경비협회)

5. 경호원의 직업 전망

글로벌 시대에 맞게 국내에서 각종 국제 행사가 치러지고 있는데, 우리나라는 국제 회의 개최 실적이 계속 늘어나면서 2016년과 2017년에는 세계 1위를 기록하기도 하였다. 기업도 해외 진출이 늘어나고 있고, 한국의 가요와 드라마가 세계적으로 인기를 얻으면서 유명 인사들에 대한 경호 수요도 증가하고 있다. 또한 테러가 전 세계적으로 발생하고 강력 범죄가 점점 늘어나면서 유명인뿐만 아니라 일반인들도 경호에 대한 관심이 과거에 비해 많이 늘어나 경호 서비스에 대한 수요도 증가하였다. 더욱이 여성 1인 가구가 많아지고 경호의 범위도 산업 정보 보호나 해외 시설 경호 등으로 확대되면서 경호원의 수요는 계속 늘어날 것으로 예상된다. 특히 로봇이나 드론과 같은 기술의 등장으로 경호 패러다임이 변하면서 무도 실력이 뛰어난 경호원에서 벗어나 새로운 테러에 대처할 수 있는 스마트한 경호원의 수요가 증가할 것으로 보고 있다. 다만 기술의 발달로 무인경비 시스템과 정찰 드론, 지능형 CCTV와 같은 첨단 기술이 경호 분야에 적용되면서 경호원의 일자리는 크게 증가하지 못할 것이라는 전망도 있다.

Tip⁺ 첨단 기술과 장비를 이용하는 경호 시스템

2018년 베네수엘라에서는 대통령이 연설을 하고 있는 도중 갑자기 폭탄을 실은 드론이 날아와 터지면서 여러 명이 다친 사건이 발생하였다. 드론을 암살용으로 쓴 것이다. 테러에 드론과 같은 첨단 장비가 쓰이면서 경호도 변화하고 있다. 기존에는 주로 몸으로 경호를 했으나 점점 첨단 기술과 장비의 이용이 늘어나는 추세이다.

드론에 열 영상 카메라를 달아 주변을 수색하고, 전파 차단총을 발사해 드론을 격추하거나 전파방해기로 제압을 하고 있다. 우리나라의 경우 2018년 평창올림픽 때 행사장 주변을 수색하고 외빈을 경호하는 데 드론을 처음으로 활용하였다.

기존의 CCTV는 화면만 보여주어 경호원이 일일이 눈으로 확인하였지만 지능형 CCTV는 소리나 침입을 감지하고 얼굴을 인식해서 자동으로 추적까지 가능하다. 중국은 얼굴을 인식하는 지능형 CCTV 기술을 빠르게 적용하여 3초 안에 얼굴을 구별할 뿐만 아니라 정확도도 매우 높다. 더 나아가 13억 명이나 되는 국민을 3초 안에 구별하는 시스템을 2020년까지 완성할 예정이라고 한다. 미국의 한 기업에서는 2018년에 얼굴 인식 정확도가 99%인 인공지능 CCTV를 개발하기도 했다.

이제 드론과 지능형 CCTV와 같은 첨단 장비 등을 이용하여 행사장에 있는 사람들의 움직임을 실시간으로 시스템에 보내면 인공지능의 판단으로 의심이 가는 사람을 찾아 테러를 예방하는 과학 경호가 현실로 다가올 것이다.

경호원

경호원이 되기 위한 학력과 전공이 정해져 있지는 않지만 보통 고등학교 졸업 이상의 학력과 경호 관련 학과를 전공한 사람을 선호하는 편이다. 사설 학원이나 관련 협회의 경호원 양성 과정을 이수해도 경호원이 될 수 있다. 대부분의 경호원은 민간 경호업체나 무인 경비업체, 기업체의 경호 관련 부서에서 일을 한다. 대학에서 경호 관련 학과를 전공하거나 경비지도사 자격증을 취득하면 취업에 유리하다. 또한 무도 능력이 필요하기 때문에 무도 관련 단증이 있으면 취업에 도움이 된다.

정부나 공공기관의 경우 공개 채용을 통해 취업할 수 있다. 대통령경호처에서 일하는 경호 공무원은 매년 공개 채용을 하고 있으며, 경쟁이 매우 치열하다. 경력이 쌓이고 실력이 되면 프리랜서로 활동하거나 경호 · 경비회사를 창업할 수도 있다.

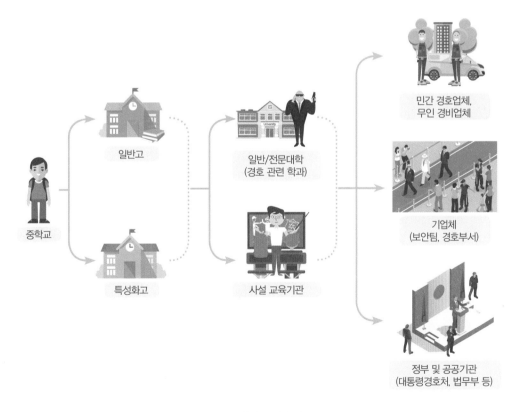

△ 경호원의 커리어 패스

대학교
관련 학과

경호학과

학과 소개

국민의 생명을 보호하고
공공시설 및 산업 시설에 대한 도난,
화재 그 밖의 위험으로부터 안전을 보장하는
경호에 관련한 학과로 경호 · 경비에 관한
전문적인 이론을 체계적으로 배우고 현장 실습
등을 통해 실제적인 실무를 익혀 이론과
실무에 능한 경호 분야의 전문 인력을
양성하는 학과이다.

진출 직업

경비업체 요원,
청원 경찰, 경찰관, 교정직
공무원, 방호직 공무원, 법원
보안관리대원, 경위, 소방 공무원,
군인(장교), 무도 지도자, 안전
순찰원 등

적성 및 흥미

경호를 하려면 기본적으로
배려심이 있고 책임감이 강해야 한다.
평소 운동에 흥미가 있고 정신력이 강하며
신체가 건강하다면 도움이 많이 된다. 운동
신경이 발달하여 민첩하고 순간 판단력이
정확하면 좋다. 무엇보다 강인한 체력을
유지하기 위해서 자기 관리를 잘 하는
것이 필요하다.

관련 학과

경호학과, 경호경비학과,
경호무도학과,
경호무도지도학과, 경호보안학과,
경찰경호학과, 경호탐정학과,
스포츠경호학부 등

중·고등학교
학교생활 포트폴리오

자격 및 면허

일반경비지도사,
기계경비지도사,
신변보호사,
생활체육지도사 등

진출 분야

★기업체★
경호 · 경비업체, 기업체
경호 · 경비부서,
항공사 보안 승무원, 해외 무도사범 등
★정부 및 공공기관★
정부기관의 경호 · 경비부서, 대통령경호처,
경찰청, 검찰 및 경찰특공대, 국가정보원,
국방부, 국민안전처, 법무부, 검찰청,
관세청 등

★동아리 활동★

교내 질서나 안전을 담당하는 학생회 활동이나 무도 관련 동아리 활동을 하면서 관계를 조율하고 배려하는 활동을 하는 것이 도움이 된다.

★봉사 활동★

다른 사람을 배려하는 자세가 중요하므로 봉사 활동을 지속적으로 하도록 한다.

★독서 활동★

인문, 사회, 윤리, 심리와 관련하여 폭넓은 독서 활동을 하고, 독서 일기를 쓰면서 생각을 정리하는 것을 권장한다.

★교과 공부★

국제 행사를 위해 영어 교과는 꾸준히 공부하고, 다양한 모둠 활동을 통해 의사소통 능력과 분석적 사고력을 기르도록 노력한다.

★교외 활동★

경호와 관련한 직업 체험 프로그램에 참여하거나 실제 경호 관련 종사자를 만나 인터뷰를 하면서 진로 탐색 활동을 하는 것이 도움이 된다.

※ 봉사상, 선행상과 같은 인성과 관련한 상이나 사회 교과 관련 수상 경력이 도움이 된다.

12 기계공학 기술자

관련 학과
기계공학과
104쪽

1. 기계공학 기술자의 세계

사례 1 '아침은 서울에서 먹고, 점심은 뉴욕에서 즐긴다.' 소설이나 영화의 한 장면이라 생각되겠지만 가까운 미래에 현실로 다가올 예정이다. 미국의 한 항공기 회사가 2030년 출시를 목표로 극초음속 비행기를 개발하고 있기 때문이다. 이 비행기가 개발되면 마하 5(시속 6,120km)의 속도로 날아 현재 서울에서 미국 뉴욕까지 비행기로 14시간이 걸리는 거리를 2시간 안에 도착할 수 있다.

사례 2 '환자가 약국에 들어가 처방전을 스캐너에 대자, 로봇 약사가 약을 지어서 건네준다.' 미국은 2010년 세계에서 처음으로 로봇이 약을 조제하는 약국을 열었다. 우리나라의 경우 2015년부터 일부에서 약을 짓는 로봇을 쓰고 있는데, 약 제조 시 처방전 10만 건당 약사는 5건 실수를 하는데 비해 로봇 약사는 0건이었다. 중국에서는 24시간 무인 약국이 늘어나고 있다. 한국고용정보원에서는 2025년에 로봇이 약사를 68.3% 정도 대체할 것으로 보고 있다. 약국의 절반 이상에서 사람 대신 로봇이 약을 짓는다는 것이다.

사례 3 '내가 원하는 디자인으로 자동차를 주문하자 하루 만에 내 차가 완성되어 나온다.' 미국의 한 회사는 3D 프린터로 24시간 안에 자동차를 만들고 있다. 놀라운 것은 이 차를 조립하는 데 단 3명만 있으면 된다는 것이다. 이 회사는 2014

년에 처음으로 3D 프린터를 이용하여 차를 완성하였고 2016년에는 12인승 전기 버스를 하루 만에 만들었다. 이탈리아와 중국의 업체가 공동으로 만든 전기차의 경우 2019년부터 중국에서 대량으로 생산될 예정으로 한 번 충전하면 약 150km를 달릴 수 있다.

위의 사례에서 보듯이 기계공학 기술자는 초음속 비행기, 로봇 약사, 3D 프린팅 자동차 등과 같이 우리에게 이로움을 주는 각종 기계들을 어떻게 하면 좀 더 경제적이고, 효율적이고, 튼튼하게 만들 수 있을지 고민하는 전문가이다.

우리는 평소 휴대폰, 컴퓨터, TV, 냉장고, 엘리베이터, 자전거, 자동차, 비행기 등 수많은 기계를 당연한 듯이 이용하며 살고 있다. 뿐만 아니라 우리나라는 산업용 로봇 밀도가 몇 년째 세계에서 1위이다. 이렇듯 기계공학은 우리의 삶과 밀접한 학문이며, 연구 분야 또한 광범위하다. 예를 들어 자동차공학, 조선공학, 항공·우주공학, 컴퓨터공학 등은 모두 기계공학을 기초로 한 분야들이다.

기계공학이 주로 기계를 다루다보니 기계와 관련한 학문으로만 생각할 수 있는데, 본질적으로는 힘과 에너지를 탐구하며, 삶의 편리함을 위해 이를 어떻게 이용할 것인지 연구하는 학문이다.

그것이 알고싶다 혁신 기술이 우리 생활에 도움을 줄 수 있는 때는 언제일까?

- **멀티콥터 드론(multi-copter drone):** 2020년에 민간 여객기 사고율 수준의 안전성을 확보할 것으로 예상
- **3D 프린팅:** 2021년에 일반 프린터와 비슷한 수준으로 상용화될 것으로 예상
- **웨어러블 로봇(wearable robot):** 2023년에 대여 가격이 월 100만 원 이하가 될 것으로 예상
- **자율 주행 자동차:** 2023년에 신차 판매의 12%를 차지할 것으로 예상

출처: 기술이 세상을 바꾸는 순간, 미래창조과학부(2017)

2. 기계공학 기술자가 하는 일은?

기계공학 기술자는 기계공학의 원리를 이용하여 일반 기계, 생산을 위한 설비, 생산 시스템 등을 연구, 설계, 제조 및 운영하고 생산 분야의 작업 단계와 제품을 검사하고 감독한다. 이와 함께 산업 설비를 통한 생산 관리와 기계 품질 관리 및 평가에 관한 연구와 자문 역할도 한다.

기계나 시스템을 개발하기 위한 아이디어를 계획하고 설계한다.

기계 분야의 정보를 수집 · 분석하고 기계와 시스템의 설계, 운영, 성능에 관해 연구한다.

로봇, 자동차, 항공기, 의료장비, 모터와 같은 기계, 화학공장과 같은 생산 시설 등을 설계하고 제작한다.

기계설비의 설치와 변경, 확장 등과 관련한 각종 기술적 업무와 함께 규격이나 용량 등을 검토하고 개선 방안을 연구한다.

견적서, 보고서, 제안서 등을 작성 · 검토한다.

기계 관련 도면을 작성 · 변경하고 기술 용역 계약서에 들어가는 과업 지시서를 포함해 여러 서류를 작성하고 검토한다. ↳ 해야 할 일의 범위와 순서를 세부적으로 정리한 문서

기계공학은 모든 공학 분야와 연결되어 있어서 기계공학 기술자의 분야는 자동차공학, 철도차량공학, 조선공학, 항공공학, 플랜트공학, 산업기계공학, 메카트로닉스, 에너지공학뿐만 아니라 정보통신공학(IT), 생명공학(BT), 나노공학(NT), 환경공학(ET), 우주항공공학(ST), 초소형기전공학(MEMS) 등으로 점점 넓어지고 있다. ↳ MICRO ELECTRO MECHANICAL SYSTEM: 현미경으로만 볼 수 있을 정도의 초소형 기계 등 제작 가능

기계공학 기술자는 일하는 분야와 하는 일에 따라 근무 환경이 다르다. 일반적으로 기계를 연구 개발하고 설계하는 경우 연구실, 실험실이나 사무실에서 근무를 하고 생산 · 관리의 경우 현장 관리실에서, 기계 설비를 검사하고 수리하는 경우 생산 현장에서

 기계공학 기술자와 관련 있는 직업

기계공학 기술자는 대부분의 공학과 연결되어 **산업기계공학 기술자**는 산업 분야에 쓰이는 기계, 설비 등을 연구 개발하여 만들고 유지 보수 업무도 한다. **메카트로닉스 기술자**는 생산 과정을 자동화하는 기술을 연구 개발하고, **로봇공학 기술자**는 로봇을, **플랜트공학 기술자**는 화학공장, 발전소, 해양플랜트를, **엔진기계공학 기술자**는 기계 엔진 및 기관을 설계하고 만든다. 이 밖에 **사무용기계공학 기술자**, 건설기계공학 기술자, 자동차공학 기술자, **철도차량공학 기술자**, 항공공학 기술자, **조선공학 기술자**, 열관리기계공학 기술자, 냉난방 및 공조공학 기술자 등이 있다.

일을 하며 기술 관련 컨설팅이나 영업 업무를 하는 경우 외근을 주로 하게 된다. 기계공학 기술자는 기계를 통해 우리의 삶을 더 풍요롭게 하고 힘든 사람들을 도울 수 있어 일을 하면서 가치와 보람을 느낀다. 다만, 기계공학은 다양한 공학과 연결되어 있어 다른 분야의 사람들과 협업을 많이 하고 주로 팀 작업을 하기 때문에 의사소통 과정에서 인내심이 필요하고 스트레스를 받는 애로사항이 있다.

3. 기계공학 기술자에게 필요한 능력

기계공학을 다루기 위해서는 기본적으로 수학과 물리를 좋아하면서 잘 해야 하고 기계공학이 점점 다양한 분야와 융합하고 있게 때문에 컴퓨터, 전자, 화학, 생물, 의학 등 여러 분야에 관심을 가지고 탐구하는 자세가 필요하다.

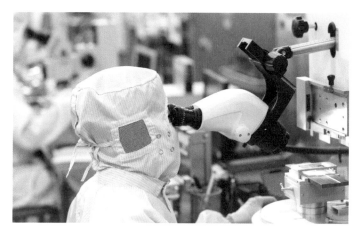

기계공학 기술자는 새로운 것을 연구하고 개발하기 때문에 창의적인 생각과 함께 상상한 것을 실제로 만들어 내는 능력과 논리적이고 분석적인 자세가 필요하다. 무엇보다 개발 과정에서 생기는 수많은 문제를 해결하는 문제 해결력과 포기하지 않는 끈기가 있어야 한다. 또한 여러 분야의 전문가와 함께 팀을 이루고 일을 하는 경우가 많아 협업 능력과 의사소통 능력이 중요하고 융통성과 함께 다른 사람의 의견을 수용하는 자세가 필요하다.

4. 기계공학 기술자와 관련된 학과 및 자격증은?

- **관련 학과:** 기계공학과, 기계설계공학과, 기계산업공학과, 기계시스템공학과, 메카트로닉스과, 컴퓨터응용기계과, 건설기계공학과, 자동차공학과, 차량기계과, 조선공학과, 로봇시스템공학과, 기계정보공학과, 항공우주공학과, 정밀기계공학과 등
- **관련 자격:** 기계설계산업기사 · 기사, 일반기계기사, 메카트로닉스기사, 정밀측정기능사 · 산업기사, 컴퓨터응용가공산업기사, 기계기술사, 산업기계설비기술사, 생산자동화산업기사, 전산응용기계제도기능사 등

5. 기계공학 기술자의 직업 전망

기계 산업은 모든 산업 설비와 관련이 많기 때문에 경제 상황에 민감한 특징이 있다. 현재 국내 경기는 좋지 않지만 국제 경기가 조금씩 회복하고 있고 해외 수요가 늘어나면서 전반적으로 기계 산업이 성장하여 기계공학 기술자의 수요는 다소 늘어날 전망이다.

다만 기계 산업 분야 안에서도 차이가 있어서 일반 산업용 기계 분야는 현재 상태를 유지하고 지능형 자동차, 스마트 공장과 같은 지능형 기계와 친환경 기계 설비 분야의 기계공학 기술자의 수요는 증가할 것이다.

로봇 산업 분야는 제조용 로봇의 경우 기업에서 생산성을 높이기 위해 로봇 활용을 늘리고 있고 청소 로봇이나 교육 로봇과 같은 개인 서비스용 로봇은 사회가 고령화되고 삶의 질이 높아지면서 크게 성장하고 있다. 전문 서비스용 로봇인 안내 로봇, 의료 로봇, 군사 로봇 분야도 계속 성장하고 있고 무엇보다 국가 차원에서 로봇 산업을 미래 성장의 주력 산업으로 보고 투자를 하고 있어서 이 분야의 기술자와 연구원의 수요는 계속 증가할 것으로 예상된다. 의료기기 산업, 항공우주 산업 등의 분야도 꾸준히 성장하여 이 분야의 기계공학 기술자의 수요도 늘어날 전망이다.

다만 컴퓨터나 프린터 등의 사무자동 처리 기계 분야는 성장 폭이 크지 않고, 통신 기계 분야나 수송용 기계 분야는 매출이 전반적으로 감소하고 있어서 이 분야의 일자리는 현 상태를 유지하거나 다소 줄어들 것으로 예상된다.

그것이 알고싶다 역사상 가장 위대한 기계는 무엇일까?

여러분에게 역사상 수많은 발명품 중에 가장 위대한 기계가 무엇인지 묻는다면 컴퓨터, 스마트폰, 자동차, 비행기 등 다양한 답이 나올 것이다. 이 물음에 정답은 없지만 '세탁기'라고 말하는 이들도 있다. 세계적인 통계학자 한스 로슬링(Hans Rosling)은 2010년 테드(TED)에서 세탁기가 왜 최고의 발명품인지 설명했다. 역사적으로 빨래는 가장 힘든 가사 노동이었다. 청바지나 외투를 손으로 빨아 보면 쉽게 이해할 수 있을 것이다. 더욱이 옛날에는 물을 길어 와서 불을 피워 물을 데우고, 그 물로 세탁을 했기 때문이다. 이렇게 힘든 가사 노동에서 세탁기가 인류, 특히 여성을 해방시켜 준 것이다. 더 나아가 세탁이라는 기계로 인하여 여성의 역할에 대한 생각이 바뀌고 사회 구조에도 변화가 생겼다.

> 여보, 오늘은 평소보다 빨래가 많네.

> 그러게. 세탁기가 없었다면 하루종일 걸렸을거야.

기계공학 기술자

기계공학 기술자는 대부분 대학에서 기계공학과, 자동차공학과, 조선공학과, 로봇시스템공학과, 항공우주공학과 등의 관련 학과를 전공한다. 대학에서는 고체역학, 동역학, 유체역학, 열역학 등 기초 4대 역학을 기본으로 재료의 특성을 연구하고, 기계장치를 설계 · 제작하는 방법을 배우게 된다. 기계공학은 모든 산업의 바탕이 되는 학문이라 다양한 산업 분야로 진출이 가능한데 졸업 후에는 주로 자동차 관련 회사에 취업하고 항공, 발전뿐만 아니라 전자, 반도체, 건축, 토목 등 다양한 분야로 진출한다. 뿐만 아니라 생명과학이나 화학과 융합하여 생체공학이나 재료공학 분야로도 진출하고 있다. 보통 제품 설계, 개발, 생산 분야에서 일을 하고 그밖에 제조업체, 엔지니어링회사, 벤처기업 등에 취업한다. 기계공학은 다루는 분야가 많아 학부에서는 기본적인 내용을 배우기 때문에 연구 개발과 같은 일을 하려면 대학원에 진학해 석 · 박사 과정을 통해 전문적인 지식을 배워야 한다. 석 · 박사 과정을 거치면 정부출연 연구소나 기업 연구소의 연구 개발 분야에서 일을 할 수 있다.

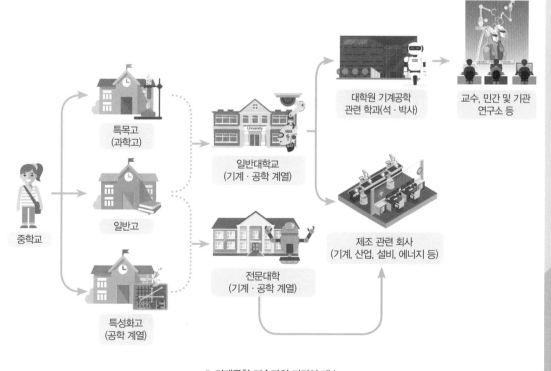

⬢ 기계공학 기술자의 커리어 패스

기계공학과

학과 소개

기계공학과는 힘과 운동을
연구하여 생활에 필요한 기계를
개발하는 방법을 배우는 학과로 수학을
바탕으로 물리학 중에서 4대 역학인 고체역학,
동역학, 유체역학, 열역학을 배워 기계 설계에
응용한다.
기계공학은 다루는 분야가 광범위하여
대학에서는 로봇, 자동차처럼 한 분야를
깊게 배우지 못하고 개괄하여
배우게 된다.

진출 직업

기계공학 기술자, 산업기계공학
기술자, 메카트로닉스 기술자, 로봇공학
기술자, 플랜트공학 기술자, 엔진기계공학 기술자,
연료전지시스템 연구 및 개발자, 건설기계공학
기술자, 자동차공학 기술자, 친환경자동차연구
개발자, 철도차량공학 기술자, 항공공학 기술자,
인공위성 개발원, 항공우주 연구원, 조선공학
기술자, 열관리기계공학 기술자, 기술 영업원,
대학 교수, 산업안전 및 위험 관리원,
품질관리 사무원 등

적성 및 흥미

기계공학은 수학과 물리학에 흥미가
있고 관련 내용을 잘 이해해야 하며, 새로운
기계를 개발하고 만들기 때문에 상상력이
풍부하고, 주변 환경에 대해 호기심이 많은 학생에게
적합하다. 연구개발 과정은 어려움이 많기에 한번
시작을 하면 끝을 보는 태도가 필요하다.
또한 대부분 팀을 이루어 작업하기 때문에 협업
능력과 의사소통 능력이 필요하고 여러 사람의
의견을 듣고 받아들이는 열린 마음을
가지는 것이 중요하다.

관련 학과

기계공학과, 기계설계공학과,
기계산업공학과, 기계시스템공학과,
메카트로닉스과, 나노전자기계공학과,
컴퓨터응용기계과, 로봇시스템공학과,
에너지기계공학과, 기계정보공학과,
기계우주항공공학부,
정밀기계공학과 등

자격 및 면허

기계설계산업기사 · 기사, 일반기계기사,
메카트로닉스기사, 정밀측정기능사 · 산업기사,
컴퓨터응용가공산업기사, 기계기술사,
산업기계설비기술사, 생산자동화
산업기사, 그린전동자동차기사,
철도차량기사산업기사 · 기사 · 기술사, 차량기술사,
건설기계설비산업기사 · 기사, 건설기계기술사,
공조냉동기계산업기사 · 기사 · 기술사,
농업기계산업기사 · 기사, 전산응용
기계제도기능사 등

진출 분야

★기업체★
산업기계 제조회사, 기계 및 장비
생산업체, 엔지니어링회사, 벤처기업,
자동차 · 항공기 · 반도체 생산업체 등
★정부 및 공공기관★
공기업, 기계직 공무원 등
★연구소★
정부출연 연구기관, 민간 연구소 등
★학계 · 교육계★
특성화고등학교, 대학
★기타★
변리사 등

★동아리 활동★

발명반, 과학탐구반 같은 동아리 활동을 통해 전공과 관련한 지식과 함께 협업을 위한 의사소통 능력, 협동심을 기르는 것이 필요하다.

★봉사 활동★

지속적인 봉사 활동을 권장한다. 학교 안에서도 진정성을 가지고 꾸준히 봉사 활동을 하면 도움이 된다.

★독서 활동★

전공과 관련한 책과 함께 사회, 심리, 인문학 등 다양한 분야의 책을 통해 폭넓은 시각을 가지는 것이 좋다.

★교과 공부★

수학적인 기초가 매우 중요하여 수학과 물리 교과 실력 향상에 힘쓴다. 전공 성격상 팀 과제가 많기 때문에 모둠 활동을 통해 협업 능력을 키운다.

★교외 활동★

기계 관련 직업 체험을 통해 여러 경험을 쌓고 대학에서 진행하는 전공 체험 프로그램에 참여하면 많은 도움이 된다.

※ 수학, 물리 관련 교과 수상과 교내 경시대회 실적이나 발명 관련 대회 경력도 도움이 된다.

13 피부관리사

관련 학과
피부미용과
112쪽

1. 피부관리사의 세계

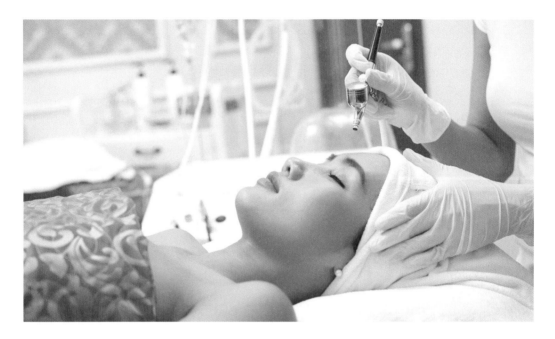

우리가 사회생활을 하는 데 있어서 첫인상이 중요하다는 말을 자주 듣는다. 그렇다면 우리가 처음 사람을 보고 호감인지 아닌지를 판단하는 데 걸리는 시간은 얼마나 될까? 첫인상과 관련한 여러 연구에 따르면 0.1초 만에도 가능하다고 하며, 대부분 5분 안에 첫인상이 결정된다고 한다. 반대로 첫인상을 바꾸는 데는 시간이 얼마나 걸릴까? 무려 40시간 이상이 걸린다고 한다.

따라서 좋은 첫인상을 만드는 것이 중요한데, 상대방에 대한 이미지를 판단하는 데 미치는 요소와 관련해서 1971년 미국의 사회심리학자 앨버트 메라비언(Albert Mehrabian)는 저서 〈침묵의 메시지〉에서 '메라비언의 법칙(The Law of Mehrabian)'을 발표하였다. 이는 사람이 상대방으로부터 받는 이미지는 시각이 55%, 청각이 38%, 언어가 7% 정도라는 것이다.

이렇듯 첫인상이 주로 시각적인 정보에 의해 좌우되다 보니 자기관리, 취업, 면접 등의 이유로 성형 수술이나 피부 미용 등을 통해 외모를 가꾸는 사람이 점점 늘어나게 되었고, 각종 대중매체의 영향으로 동시에 외모지상주의와 같은 부작용도 함께 문제가 되고 있다.

남녀노소 불문하고 모든 세대에서 젊음과 아름다움에 관심이 높아지면서 국내의 경우 노화를 방지하는 안티에이징(anti-aging) 시장이 2020년에는 약 38조 원까지 늘어날 것으로 전망하고 있다. 또한 최근에는 실제 나이보다 어려 보이게 하는 다운에이징(down-aging) 열풍까지 불면서 이와 관련한 피부 미용에도 관심이 높아지고 있다. 이와 함께 피부의 적이라 할 수 있는 자외선이 강해지고 황사나 미세먼지가 많아지면서 피부를 깨끗하게 관리하기 위하여 피부 관리실을 찾는 사람도 늘고 있다.

신체를 아름답게 가꿔주기 위해 다양한 기기나 전문 기술로 얼굴과 신체의 피부를 건강하고 아름답게 유지·관리해주는 전문가가 피부관리사다. 피부 미용은 영역별로 크게 얼굴 관리, 전신 관리, 매니큐어/페디큐어, 메이크업, 제모(왁싱), 선탠 등으로 나누는데, 피부관리사는 상담을 통해 고객의 피부 유형과 피부 상태를 진단하고 그에 맞는 피부 관리법이나 시술을 제공한다.

↗ 손톱과 발톱을 아름답게 가꾸고 손질하는 것

과학 기술이 발달하면서 피부관리사는 개인의 피부 상태를 과학적으로 측정, 이에 적합한 화장품과 기구 등을 사용하거나 나노(nano) 기술과 바이오(bio) 기술을 접목한 나노화장품을 이용해 피부 개선 성분을 효과적으로 피부 깊숙이 스며들 수 있게 관리해 주는 역할을 하고 있다. 다만 피부관리사는 의료법상 의사나 한의사, 간호사와 같은 의료인이 아니기 때문에 레이저나 고주파 등 관련 의료기기나 의약품은 사용할 수 없다.

그것이 알고싶다 여드름을 잘못 파면 뇌가 위험하다?

여드름이 생기면 보통 짜는 경우가 많은데 잘못하면 뇌에 치명적인 영향을 줄 수 있어서 조심해야 한다.

두 눈썹 사이에서 윗입술까지의 부위를 '위험한 삼각지대'(안면위험삼각)라고 하는데 이곳의 혈관은 뇌와 직접 연관되어 있다. 이 부위의 여드름을 짜서 상처가 나면 세균이 들어가 뇌경색이나 뇌수막염을 일으킬 수 있어 위험하다. 따라서 위험한 삼각지대에 난 여드름은 피부관리실에 가서 관리를 받거나 증상이 심할 경우 피부과 의원을 방문하여 진료를 받아야 한다.

↗안면위험삼각

2. 피부관리사가 하는 일

피부관리사는 스킨·헤어·네일 케어, 메이크업 등 머리부터 발끝까지 몸 전체의 피부를 관리하여 정상 피부는 더욱 아름답게 만들고, 손상 피부는 자연 피부로 회복시키는 일을 한다. 이를 위하여 피부 유형에 맞게 화장품이나 미용기구, 팩, 마사지 등을 사용하고 필요한 경우 상담을 통해 고객의 생활 방식까지 조절해주는 일도 한다.

고객과의 상담을 통해 피부 유형을 파악하고, 고객에게 적합한 피부 관리법을 추천한다.

피부 유형에 맞는 화장품, 미용기구, 마사지, 팩 등을 이용해 고객의 피부를 청결하게 관리한다.

모공, 여드름, 눈썹 등의 관리, 피부 노화 방지, 손상된 피부 회복 등 고객이 집중적으로 원하는 부분을 개선시키는 프로그램을 계획 및 설명한다.

얼굴 마사지뿐만 아니라 고객의 요구에 따라 몸 전체 피부를 관리해주고, 손상된 피부를 회복하는 데 도움을 준다.

피부관리사는 학벌에 구애받지 않고 평생 일할 수 있는 직업이다. 초봉은 다른 직업에 비해 많은 편은 아니지만 피부 미용과 관련된 전문지식과 피부 관리 기술을 습득하고 경력을 쌓아 능력을 인정받게 되면 수입도 늘어난다. 근무 환경은 대체로 깨끗하고 쾌적한 편이다.

그러나 다른 직업과 비교해 볼 때 근무시간이 좀 길어서 육체적으로도 힘든 편이고, 다양한 사람들을 만나서 피부 미용 서비스를 제공해야 하기 때문에 정신적 스트레스가 심한 편이다.

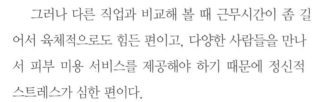

피부관리사와 관련 있는 직업

피부관리사와 관련 있는 직업으로는 피부를 관리해주고 보습과 관련한 조언을 하는 스킨케어 전문가, 화장을 통해 아름다움을 연출하고 상황에 알맞은 메이크업을 제공하는 메이크업 아티스트, 손, 손톱, 발, 발톱의 미용을 관리해주고 제모와 관련한 업무를 하는 네일 아티스트, 모발 관리에 대한 조언과 함께 머리를 손질하고 머리 스타일을 연출하는 미용사, 의상에 대한 전문적인 지식을 바탕으로 적합한 의상과 패션 스타일을 자문해주는 패션 어드바이저, 개인이나 단체의 특성을 파악하고 분석하여 가장 적합한 이미지를 만들어주는 이미지 컨설턴트 등이 있다.

3. 피부관리사에게 필요한 능력

피부관리사는 스킨, 헤어, 네일, 메이크업 등에 대한 모든 것을 합법적으로 시술할 수 있는 미용 전문가이므로 고객의 피부 타입, 신체 구조, 성격 등을 다양한 각도에서 파악할 수 있는 분석적 사고 능력이 필요하다.

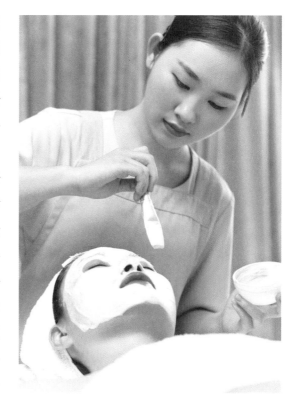

평소 아름다움에 대한 남다른 관심과 함께 손재주가 있으면 좋고, 다양한 사람들을 직접 대해야 하는 일이므로 원만한 대인 관계와 원활한 의사소통 능력을 갖추어야 한다. 또한 고객을 밝고 편하게 대하면서 적극적인 자세가 필요하며, 상냥하고 친절한 서비스를 제공할 수 있는 긍정적인 마음가짐과 인내심이 필요하다. 따라서 타인에 대한 배려, 자기통제 능력, 적응력 등에 장점을 가진 사람들에게 유리하다.

4. 피부관리사와 관련된 학과 및 자격증

- **관련 학과:** 피부미용과, 약손피부미용과, 미용예술과, 뷰티케어과 등
- **관련 국내 자격:** 미용사(피부), 미용사(일반)
- **관련 해외 자격:** CIDESCO(시데스코)

 **'피부과 의원'과 '진료과목 피부과'의 차이점은 무엇일까?**

의사에는 일반의(일반 의사)와 전문의(전문 의사)가 있는데 의사 면허를 가진 일반의가 인턴과 레지던트 과정을 거쳐 전문의 자격시험을 통과하면 전문의가 된다. 전문의는 의학의 특정 분야에 전문적인 의사로서 피부과의 경우 '피부과 전문의'가 있다. 이러한 피부과 전문의가 진료를 보는 병원은 '피부과 의원'이라는 간판을 쓸 수 있다. '진료과목 피부과', '클리닉'으로 된 곳은 일반의가 진료를 보는 곳이다.

5. 피부관리사의 직업 전망

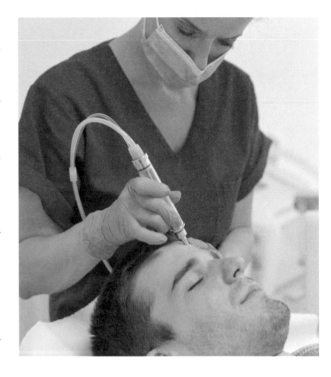

미세먼지 등 각종 공해로부터 피부를 보호하기 위해, 자기 관리를 위해, 취업을 위해서 등 다양한 이유로 피부 미용에 대한 관심이 높아지면서 전문적인 관리를 해주는 피부관리사가 인기 직업으로 떠오르고 있다.

또한 남성들도 피부 미용에 관심을 갖게 되면서 최근에는 남성 전용 피부 관리실도 등장하고 있고, 여성들의 전유물로 여겨지던 피부관리사에 남성들도 도전하면서 남성 피부관리사도 새로운 직업으로 떠오르고 있다. 피부관리사라는 직업의 특성상 섬세한 손놀림과 함께 적절한 힘이 필요한 만큼 남성이 여성보다 유리한 측면도 있다.

아름다워지고 싶은 인간의 본능적인 욕구와 함께 외적인 아름다움이 경쟁력이 되면서 자기 관리에 대한 관심과 수요는 점점 증가하고 있어 피부관리사의 수요는 갈수록 늘어갈 전망이다. 그리고 피부 미용뿐만 아니라 머리 · 손 · 발 관리 등 관련 산업이 세분화되고 있어 취업 전망도 밝은 편이다.

 패스트 힐링(fast healing)

소소하지만 확실한 행복을 뜻하는 '소확행'이라는 말이 널리 쓰이면서 작은 행복을 추구하는 것이 하나의 트렌드가 되었다. 소확행의 열풍으로 바쁘고 힘든 일상 속에서 직장인이나 학생들이 짧은 시간이라도 편하게 휴식을 취하는 '패스트 힐링'이 새로운 문화로 자리 잡고 있다.

편한 의자나 침대에서 낮잠을 잘 수 있는 수면 카페나 고급 안마 의자에서 휴식을 취하는 안마 카페 등이 대표적인 패스트 힐링 문화라 할 수 있다. 또한 자투리 시간을 활용하여 휴식과 함께 피부미용까지 해결할 수 있는 '15분 피부관리샵'도 등장하면서 인기를 끌고 있다. 보통 60~90분 정도가 소요되는 일반적인 피부관리샵과 달리 '15분 피부관리샵'은 직장인들이 점심시간을 활용하여 많이 이용하고 있다.

피부관리사

피부관리사가 되기 위해서는 특성화고등학교의 피부미용 관련과, 전문대학교(3년제)나 일반대학교(4년제)에서 피부미용과, 피부건강관리과, 약손피부미용과, 미용예술과, 뷰티미용학과, 뷰티케어과 등 피부미용 관련 학과를 전공하는 것이 유리하다.

대학에서는 피부미용학, 피부과학, 피부관리, 특수피부관리, 인체생리학, 화장품학, 아로마테라피 등을 깊게 배울 수 있어서 도움이 된다. 이 밖에 피부관리사를 양성하는 교육기관인 노동부 관할 직업훈련(전문)학교, 시·군·구 관할 여성발전(훈련)센터, 여성인력개발센터, 사설 미용학원을 통해 피부관리사 직업 교육을 받을 수 있다.

피부관리사로 활동하기 위해서는 미용사(피부) 자격증을 취득해야 하는데, 응시자격은 따로 없어서 누구나 응시 가능하다. 영어나 중국어와 같은 외국어 회화 능력을 갖추면 취업할 때 더 좋은 기회를 잡을 수 있어서 도움이 된다. 미용사(피부) 자격증을 취득하고 나서 면허를 발급 받으면 피부관리샵을 개설할 수 있으나 일반적으로 피부관리실(에스테틱), 피부과에 있는 부설 피부관리실, 화장품 업체나 미용기기 업체 등에 취업을 하는 경우가 많다.

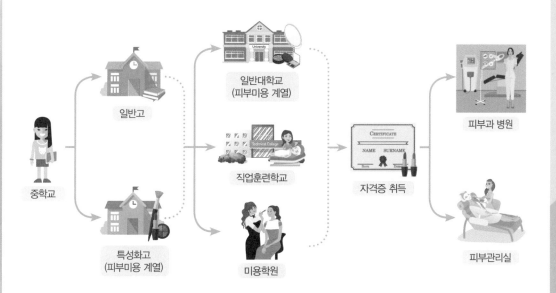

⬥ 피부관리사의 커리어 패스

피부미용과

학과 소개

인간은 아름다움을 소유하고 유지하기 위한 다양한 방법과 기술들을 지속적으로 발달시켜왔으며, 생활수준의 향상으로 아름답고 건강한 삶을 추구하려는 욕구가 커지고 있다. 피부미용과는 피부 및 모발의 해부, 생리학적 기본 이론을 바탕으로 과학적인 모발 및 피부의 관리와 아름다움을 창조하며, 헤어 미용, 피부 미용, 메이크업, 네일 미용 등 분장술에 이르기까지 미용의 전 분야를 이론적인 정립과 함께 기술을 숙달시켜 지성과 교양을 갖춘 토털 미용 전문인을 양성하는 데 기여하고자 하는 학과이다.

진출 직업

피부미용사, 미용 강사, 메이크업 아티스트(make-up artist), 뷰티 컨설턴트(beauty consultant), 화장품 회사, 화장품 관련 연구기관의 연구보조원 및 교육 강사, 피부 관리실 및 미용실 경영 등

적성 및 흥미

미(美)에 대한 관심이 많고, 차별화된 아름다움과 개성을 중시하는 성향이 있으면 좋다. 꼼꼼하고 세심하게 피부와 헤어 등을 다룰 수 있어야 하므로 손재주가 있는 학생에게 적합하다. 원만한 의사소통 능력과 함께 직업의 특성상 외국인을 접할 기회가 많아지면서 외국어 능력을 갖추고 있으면 취업에 유리하다.

관련 학과

뷰티피부미용과, 피부건강관리과, 미용피부관리과, 스킨케어과, 피부미용과, 피부보건과, 미용피부테라피과, 바이오스킨케어과, 뷰티스킨케어과, 미용예술과, 뷰티스타일리스트과, 피부미용뷰티학과, 메디컬스킨케어과, 뷰티에스테틱과, 뷰티테라피과, 피부미용디자인과, 피부미용스파과 등

피부관리사, 미용사
(일반 · 피부 · 네일 ·
메이크업), 미용사
(면허) 등

자격 및 면허

★동아리 활동★

피부 미용 관련 동아리 활동을 통해
전공과 관련된 다양한 경험을 쌓는
것을 추천한다.

★봉사 활동★

장애인복지관, 사회복지 관련 기관
등에서 일회성이 아닌 지속적인 봉사
활동을 권장한다.

★독서 활동★

뷰티, 예술 등 전공과 관련된 폭넓은
독서 활동을 권장한다.

★교과 공부★

국어, 영어, 수학, 사회, 과학 등 교과
실력 향상에 힘쓰고, 적극적인 수업
자세를 통해서 관련 분야 학업 역량
을 발휘하는 것이 좋다.

★기업체★
피부 관리실, 헤어숍, 네일숍, 체형 관리실,
두피 · 모발 관리실, 웨딩업체, 미용학원, 웨딩
관련 업체, 광고업체, 분장 관련 업체, 백화점,
화장품 제조업체 등
★의료기관★
피부과, 성형외과, 한의원 피부 관리실 등
★언론사★
방송국, 스튜디오 등

진출 분야

★교외 활동★

피부 미용 관련 기관 방문 및 서비스
관련 직업 체험 프로그램에 적극 참
여한다.

※ 미술, 외국어 관련 교과 수상 경력과 자율주제 탐
구대회나 예술 관련 경진대회에 참여하는 것도
도움이 된다.

관련 학과
토목공학과
120쪽

1. 토목공학 기술자의 세계

우리 인류의 평균 수명을 획기적으로 늘리는 데 가장 크게 기여한 것은 무엇일까? 2007년 세계적인 의학 잡지인 〈브리티시 메디컬 저널〉에서 현대 의학에 기여한 중요한 성과 15가지를 뽑았는데 1위가 상하수도 시설이었으며, 다음으로 항생제, 마취제, 백신, DNA 구조 발견 순이었다.

의학 기술이 아닌 토목 분야의 '상하수도 시설'이 1위인 이유는 상하수도 시설로 인해 깨끗한 물을 쓸 수 있게 되었고 위생적으로 하수를 처리하면서 장티푸스나 콜레라와 같은 전염병이 사라졌기 때문이다. 인류가 고통 받는 질병 중 약 80%는 오염된 물로 인해 전염되는 질병이라고 한다.

인간의 평균 수명은 구석기 시대부터 1900년경까지 큰 변화 없이 20~30세 정도였다가 1950년경에 갑자기 48세로 늘어났고, 2018년에는 80세로 증가한다. 20세기 들어 평균 수명이 35년 정도 급격히 늘어났는데, 그 중에 30년은 상하수도 시설 발전의 영향이라고 해도 과언이 아니다.

평균 수명에 영향을 크게 미치는 것은 영유아기(0~6세)의 사망률인데 20세기 초만

해도 어린이 10명 중 1명은 태어나서 1년도 되지 않아 죽었다. 그러다 깨끗한 물을 사용하면서부터 전염성 질병이 줄었고, 영유아 사망률을 75%나 줄여 평균 수명이 급격히 증가하게 된 것이다. UN에 의하면 아직도 오염된 물로 인해 매일 4,000명이 죽고, 매년 180만 명이 설사병에 걸려 사망한다고 한다.

토목공학의 기원과 시작은 인류 역사의 시작과 함께 했다. 원시 인류는 자신의 생명을 위협하는 자연재해로부터 보호받기 위해서 토목기술을 터득하였고, 운하와 육지의 길을 만들고, 마실 물을 얻고 농사에 필요한 물을 확보하기 위해 다양한 토목기술을 활용하였다. 이집트의 피라미드나 중국의 만리장성, 로마의 도로와 도수관 등은 고대 토목기술의 발전 정도를 알 수 있는 좋은 예이다.

오늘날 우리 생활에 편리함을 가져다주기 위한 교량, 도로, 터널, 항만, 댐, 운하, 지하철, 철도, 공항, 발전소, 환경구조물 건설 등 인간의 사회생활에 중요한 역할을 담당하는 기반 시설들이 모두 토목공학과 관련이 있을 정도로 중요한 역할을 담당하고 있다.

토목공학 기술자는 우리의 생활과 밀접한 기반시설인 도로, 철도, 교량, 항만, 터널, 댐, 상하수도 등의 공사 진행을 관리하고 감독하는 사람이다. 소규모 공사에서는 한 명의 토목공학 기술자가 모든 것을 담당하기도 하지만 대부분의 토목공사가 대규모로 이루어지기 때문에 건축, 지질, 전기, 기계, 환경 등 각 분야의 전문가가 공사에 참여하게 되며, 구조설계, 시공관리, 감독, 지반조사 및 견적 등의 업무를 여러 기술자가 분담하여 공사 시공을 진행하게 된다.

그것이 알고 싶다 '토목공학'은 어디서 유래된 말일까?

'토목'이란 말은 중국에서 옛부터 전해오는 '축토구목(築土構木)'이라는 고사에서 유래되었다. 말 그대로 흙을 쌓고 나무를 얽는다는 뜻인데, 고대로부터 인간이 자연에서 손쉽게 구할 수 있는 재료로 집을 짓고 구조물을 만든 것에서 유래된 것으로 보인다.

토목공학은 영어로 'civil engineering'인데, 여기서 'civil'은 '시민의', '민간의'라는 뜻이다. 1760년경 영국의 존 스미턴(John Smeaton)이 군 기술자(military engineer)와 구별하기 위해 토목 기술자(civil engineer)라는 표현을 처음 쓰기 시작했고, 이때부터 시민을 위한 공공사업에 쓰이는 토목기술을 '토목공학'이라 부르기 시작하였다.

2. 토목공학 기술자가 하는 일

토목공학 기술은 우리 미래의 지구 자원을 유지하고 개발 및 관리하는 최첨단 공학기술로 발전하고 있다. 지구의 한정된 자원 문제를 해결하기 위한 지하 공간과 해양 개발, 지구온난화로 인한 기후변화 대응 등은 토목공학 기술자들에게 주어진 중요한 과제들이다.

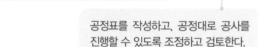

국가 주요 시설인 도로, 철도, 교량, 터널, 항만, 댐 등을 계획 · 설계 및 시공한다.

경제적인 재료를 선택하고, 전체 하중을 고려하여 구조를 결정한다.

전체 공사 일정, 설계 일정, 공사 기간 등 공사에 필요한 기본 계획을 작성한다.

공정표를 작성하고, 공정대로 공사를 진행할 수 있도록 조정하고 검토한다.

지반 및 지질조사, 토목구조설계, 시공 관리, 측량, 감리 등 전문 분야별로 업무를 나누어 공사를 진행한다.

측량, 조사시험, 설계변경, 준공검사 등과 시설공사의 감리 업무 등 각종 행정처리 업무를 수행한다.

토목공학 기술자

공사가 잘 진행되도록 현장과 외부 기관과의 중개자 역할을 하고 예산을 관리하고 집행하는 등 공무 업무를 한다.

토목공학 기술자는 주로 공사 현장에서 일을 하기 때문에 항상 안전사고 예방에 신경 써야 한다. 공사를 중간에 멈추기 어려운 작업이 있을 경우나 공사 기간이 부족할 때는 야간까지 연장근무를 하기도 한다. 또한 공사 현장이 국내외 각지에 분포하기 때문에 주기적으로 현장에 파견되기도 한다.

토목공학 기술자는 정규직으로 고용되는 비율이 비교적 높고, 고용 유지 수준도 전체 평균보다 높은 편이다. 토목공학에 관한 전문 지식이 요구되는 전문직으로서 사회적 평판도이 좋은 편이다.

 토목공학 기술자와 관련 있는 직업

토목공학에는 분야에 따라 다양한 전문가가 있다. **토목구조설계 기술자**는 토목구조물의 안전을 위한 계획 · 설계 · 안전진단 업무를 한다. **토목감리 기술자**는 토목구조물이 설계대로 시공되는지 관리 · 감독하는 일을 한다. **토목시공 기술자**는 토목공사의 공정을 계획하고 토목구조물이 계획대로 시공되도록 기술적 관리 업무를 한다. **토목안전 기술자**는 토목현장 작업자들의 안전과 공해 방지를 위하여 안전관리 및 재해방지를 위한 업무를 한다. **측량 및 지리정보 기술자**는 토목건설, 지형 연구 등을 위해 지형 · 지물을 측량하고 측량사의 활동을 감독 · 조정한다. **지리정보시스템(GIS) 전문가**는 도로, 지하매설물 등 각종 지리정보를 체계적으로 관리 운영 및 활용할 수 있는 방법을 연구하고 지리정보시스템을 설계한다.

 **토목과 건축의 차이점**

구조물을 만드는 건설을 분류하자면 크게 토목과 건축으로 나눌 수 있다. 토목은 도로나 다리, 상하수도와 같이 사람이 그 안에 머물러 살지는 않지만 생활하는 데 필요한 기본적인 시설을 만드는 것이고, 건축은 집이나 빌딩처럼 사람이 그 안에 살면서 생활하는 건물을 만드는 것이다. 규모면에서 보면 토목 공사는 대부분 대규모이지만 건축 공사는 토목 공사에 비해 소규모라 할 수 있다.

토목은 건축을 하는 데 기초가 되는 기반 시설을 만든다. 따라서 건물을 지을 경우 건물 출입구와 연결되는 도로나 물을 사용하기 위한 상하수도 시설 등과 같은 토목 공사를 먼저 하고 나서 건물을 짓는 건축 공사를 하게 된다.

3. 토목공학 기술자에게 필요한 능력

토목공학 기술자는 공학 분야에 대한 지식을 갖추고 있어야 하는데, 그 중에서도 특히 건설 및 건축 관련 지식이 필수적이다. 대형 구조물을 만드는 경우가 많아 역학(力學)을 이해해야 하고 물리 관련 지식을 갖추어야 한다.

토목공학 분야는 혼자서 하는 일이 없고 항상 다양한 사람들과 팀을 이루어 일을 한다. 따라서 다른 사람들과 원만한 관계를 유지하며 일할 수 있는 협동심, 자기통제력, 의사소통 능력이 필요하고, 건설 현장의 어려운 작업 환경에 적응할 수 있는 인내심과 끈기가 필요하다.

토목공학 기술자가 다루는 구조물은 우리 생활에 꼭 필요한 것들이기 때문에 효율적인 설계와 시공을 위해서 관리 시스템을 분석할 수 있는 분석적 사고력도 필수적이다. 이와 함께 토목공학 기술자는 공사 완공 일정을 준수하면서 작업 상황을 진척시키기 위한 책임감과 추진력, 리더십 등도 요구된다.

4. 토목공학 기술자와 관련된 학과 및 자격증

- **관련 학과:** 토목공학과, 건설공학과, 건설시스템공학과, 건설환경공학과, 토목환경공학과, 지역건설공학과, 지역환경토목학과, 농업토목공학과, 토목교통공학부, 토목도시공학부, 토목안전환경공학과, 해양건설공학과, 해양토목공학과 등
- **관련 자격:** 토목산업기사·기사, 건설재료시험산업기사·기사, 측량기능사, 측량및지형공간정보산업기사·기사·기술사, 토목구조기술사, 토목시공기술사, 토질및기초기술사, 토목품질시험기술사, 상하수도기술사, 농어업토목기술사, 도로및공항기술사 등

5. 토목공학 기술자의 직업 전망

우리나라는 국가에서 정책적으로 도로, 철도, 항만 등의 건설을 지속적으로 추진해온 결과 사회기반 시설이 어느 정도 갖추어졌고, 신도시 개발이나 신규 택지개발도 많이 이루어져 이제는 관련 수요가 줄어드는 상황이다. 또한 해외 건설 및 플랜트 사업도 세계 건설경기 하락과 중국과의 경쟁 심화 등으로 부진을 겪고 있다. 그러나 국토 균형 발전을 위한 새로운 도로 건설이나 유지 보수, 신규 철도 및 도시철도 건설, 기존 노후화된 철도에 대한 안전 및 시설개량, 소규모 공항 및 항공교통센터 건설 등에 대한 투자는 꾸준히 이루어질 것으로 전망된다.

최근에는 우리나라에서 지진이 자주 발생하고 강도가 세어짐에 따라 건축물 구조진단 및 보강 업무가 증가할 것으로 예상되어 구조기술자나 안전진단 전문가에 대한 수요가 증가할 것으로 전망된다. 이 밖에도 국토환경 개선 및 관리 부문에 대한 정부의 투자 확대가 예상되고, 태양광 및 풍력 등 신재생 에너지에 대한 투자가 증가할 것으로 보여 이 분야의 토목공학 기술자에 대한 수요는 소폭 증가할 것으로 예상된다.

그것이알고싶다 토목공학, 건축공학, 환경공학, 도시공학은 어떻게 다를까?

- **토목공학**: 도로, 다리, 철도 등 기반 시설을 계획하고 설계·시공하기 위한 방법을 연구하는 학문으로서 구조공학, 지반공학, 공간정보공학, 교통공학, 환경공학, 수공학 등이 있다.
- **건축공학**: 건축물을 만드는 데 필요한 기술을 연구하는 학문으로서 설계, 구조, 시공, 환경, 건설경영 분야 등이 있다.
- **환경공학**: 대기, 토양, 물, 소음 등 사람의 일상생활과 관련한 생활환경 문제를 해결하기 위한 방법을 연구하는 학문으로서 토목공학에서 갈려 나왔다. 토목공학 안에 있던 상하수도공학에서 물을 깨끗하게 처리하는 방법을 연구하다 발전하여 위생공학으로 파생되었고 시간이 지나면서 물뿐만 아니라 대기, 토양, 소음 등의 다양한 환경 문제가 생기자 이를 해결하기 위하여 오늘날의 환경공학이 나오게 되었다. 환경공학은 공학에 화학, 물리학, 생물학 등의 자연과학이 융합한 학문이라고 볼 수 있다.
- **도시공학**: 도시에서 발생하는 여러 문제를 해결하고 도시가 지속 가능할 수 있도록 도시 계획, 설계, 관리 등을 연구하는 학문으로서 토목·건축·환경 등의 공학 분야와 사회, 경제, 지리 등의 사회과학 분야를 모두 다룬다. 새로운 도시를 만든다고 한다면 제일 먼저 도시공학에서 살기 쾌적한 도시를 계획·설계하면 토목공학에서 도로, 다리, 상하수도와 같은 도시 기반 시설을 건설하고 그 다음 건축공학에서 주택이나 학교와 같은 건축물을 짓게 된다.

토목공학 기술자

　토목공학 기술자가 되기 위해서는 일반적으로 대학교나 전문대학에서 토목공학과, 건설공학과, 건설시스템공학과, 토목환경공학과, 토목도시공학부학과 등과 같은 토목 관련 학과를 전공한다. 또한 특성화고에서 토목 관련 과를 졸업하고 건설 현장에서 경력을 쌓으면 공개 채용이나 특별 채용 등을 통해 보통 건설 회사나 토목 엔지니어링 회사, 토목공사 전문 업체 등에 취업할 수도 있다. 채용 시 토목 관련 기사 자격증을 가진 사람을 우대하는 경우가 많아 토목기사와 같은 자격증을 취득하면 취업에 도움이 된다.

　토목직 공무원 시험에 합격하면 중앙부처나 지방자치단체에서 일할 수 있고, 대학원에 진학하여 석 · 박사 학위를 취득하면 정부 연구기관이나 민간 연구소 등에서 연구 개발과 관련한 일을 할 수도 있다.

　한편 토목 관련 기사 자격증 취득 후 건설 현장에서 4년 이상 실무 경력을 쌓으면 기술사 시험에 응시할 수 있는 자격이 되는데, 보통은 토목시공기술사를 많이 취득하며 경력과 실력을 쌓은 후 개인 엔지니어링 업체를 창업하기도 한다.

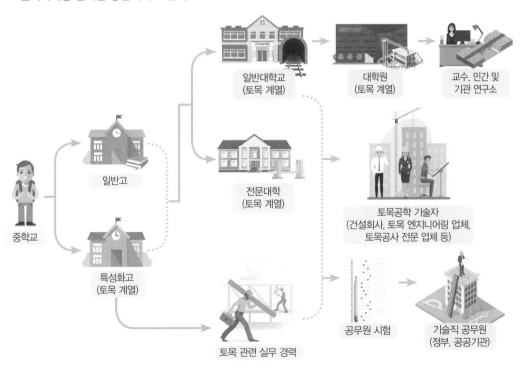

일반대학교
(토목 계열)

대학원
(토목 계열)

교수, 민간 및
기관 연구소

일반고

전문대학
(토목 계열)

토목공학 기술자
(건설회사, 토목 엔지니어링 업체,
토목공사 전문 업체 등)

중학교

특성화고
(토목 계열)

토목 관련 실무 경력

공무원 시험

기술직 공무원
(정부, 공공기관)

🔺 토목공학 기술자의 커리어 패스

토목공학과

학과 소개

토목공학은 자연과 환경을 인간
생활에 편리하도록 개선하고자하는
노력과 함께 탄생한 공학 중 가장 오래된 역사를
지닌 학문이다.
인간이 살아가는 데 필요한 다리, 터널, 철도, 지하철
등의 교통시설, 발전소 같은 전력시설, 댐 같은
해양시설, 상하수도, 환경 관련 시설, 안전관리시설
등 각종 사회기반시설물이 안전하게 작동하여
최적의 기능을 할 수 있도록 설계 및
시공 · 유지하는 지식과 기술 등을
가르치는 학과이다.

진출 직업

토목시공 기술자,
토목구조설계 기술자, 토목직
공무원, 토목안전환경 기술자,
지능형교통시스템 연구원,
도시재생 전문가 등

적성 및 흥미

유능하고 책임감을 가진 성실한
사람으로서 수학 및 물리 기본 지식과
공간창의성 그리고 변화를 두려워하지 않는
능동적이고 진취적인 기상을 가진 사람에게 적합하다.
수학, 물리학 등 공학 기초과목에 대한 관심과 흥미가
있고, 각종 건축구조물에 대한 호기심이 있는
사람이라면 전공 학습에 도움이 된다. 활동적이고
적극적인 성격, 새로운 것을 접해도
두려워하지 않는 도전 정신이 요구된다.

관련 학과

건설공학과, 건설시스템공학과,
건설환경공학과, 토목환경공학과,
지역건설공학과, 지역환경토목학과,
농업토목공학과, 토목교통공학부,
토목도시공학부, 토목안전환경공학과,
해양 건설공학과,
해양 토목공학과 등

자격 및 면허

토목산업기사 · 기사,
건설재료시험산업기사 · 기사,
콘크리트기능사 · 산업기사 · 기사, 측량기능사,
측량및지형공간 정보산업기사 · 기사 · 기술사,
철도토목 기능사 · 산업기사 · 기사,
토목구조기술사, 토목시공기술사,
토질및기초기술사, 토목품질시험기술사,
상하수도기술사, 어업토목기술사,
도로및공항기술사, 철도기술사,
항만및해안기술사 등

진출 분야

★기업체★
건설회사, 설계사무소,
엔지니어링업체, 건설안전진단업체,
토질조사 및 시험업체, 항만개발업체

★정부 및 공공기관★
토목직 관련 공공기관, 공무원

★연구소★
토목 관련 국가 · 민간 연구소

★학계 · 교육계★
특성화고등학교, 대학 등

★동아리 활동★

공학 관련 동아리 활동에서 다양한 관련 있는 체험 활동 등을 하면서 공학 분야의 기초 소양을 키울 것을 추천한다.

★봉사 활동★

보육원, 다문화 가정 등 사회 소외계층 대상의 봉사 활동에 지속적으로 참여하도록 한다.

★독서 활동★

공학 관련 분야와 건축 및 지리 분야의 광범위한 독서 활동 등을 통해 자연계열의 기초 지식을 쌓는다.

★교과 공부★

과학, 수학, 기술 · 가정 교과 수업 활동에서 과학 분야 및 수학적 지식을 바탕으로 공학 관련 분야의 역량이 발휘될 수 있도록 적극적으로 수업에 참여한다.

★교외 활동★

건설이나 토목 관련 기업에서 주관하는 진로 체험 활동이나 건축전시회 관람 등에 수시로 참여한다.

※ 과학이나 수학, 기술 · 가정 교과 수상 실적이나 수학이나 과학 분야의 다양한 기타 수상 실적이 도움이 된다.

15 동물 조련사

관련 학과
동물자원학과
128쪽

1. 동물 조련사의 세계

인명 구조나 장애인 도우미 등 사람을 위해 여러 역할을 하고 있는 개는 우리가 흔히 볼 수 있는 동물로서 사람이 기른 최초의 가축으로 알려져 있다. 사람이 야생의 동물을 길들이기 시작한 것은 대략 구석기 시대부터이고, 현재 우리가 볼 수 있는 대부분의 가축은 신석기 시대 때 가축이 되었다.

사람이 동물을 가축으로 길들인 가장 큰 이유는 고기나 우유 같은 먹거리를 얻기 위해서였다. 사냥을 통해 식량을 얻는 것이 어려워지면서 집에서 동물을 키우기 시작하였고 이를 통해 먹거리를 꾸준히 얻었다. 또 다른 이유는 동물의 노동력을 이용하기 위해서인데, 동물을 이용해 농사를 짓거나 먼 거리를 이동할 때 운송 수단으로 사용하기도 하고, 전쟁에서는 무기로도 이용하는 등 기계가 발달하기 전까지 동물은 인류에게 중요한 에너지원 역할을 하였다.

역사적으로 왕이나 권력자들은 자신의 권세와 재산을 자랑하는 데 동물을 이용했는데, 과거 동서양에서는 왕들이 신기한 동물을 얼마나 가지고 있느냐로 자신의 힘을 과시하여 많게는 1만 마리가 넘는 동물을 가진 왕도 있었다. 동물이 계속 늘어나면서 왕궁에는 동물원과 같은 시설이 생기게 되었고, 이를 관리하고 훈련시키는 사육사와 조련사도 자연스럽게 증가했다.

현대로 오면서 왕과 귀족의 소유였던 왕실의 동물원을 일반 사람에게 공개하면서 이것이 근대 동물원의 시초가 되었다. 오스트리아의 쉔브룬 동물원이 1765년에 문을 연 이래 세계 여러 나라에 동물원이 세워졌고 우리나라에는 1909년 창경궁 안에 동물원이 처음 생겼다. 그러나 일제 강점기 때 생긴 창경궁의 동물원은 일반적인 동물원과 달리 일본이 우리나라의 민족정기를 말살하기 위해 신성한 공간인 왕궁을 단순한 **위락**(慰樂)〔놀고 즐기는 것. 휴식이나 오락〕 공간으로 전락시키고 창경궁이라는 이름도 창경원으로 바꾸어 격을 낮추었다. 지금의 창경궁은 1983년 동물원을 과천의 서울대공원으로 옮기고, 이름도 창경원에서 다시 창경궁으로 되돌리고 나서야 정상화된 것이다.

인구가 급격히 늘어나면서 동물의 서식지가 파괴되고 **밀렵**〔허가를 받지 않고 몰래 사냥하는 것〕과 함께 환경오염, 기후 변화 등으로 수많은 동물이 사라지고 있다. 지구상에 사람이 등장하기 전보다 1,000배 정도의 빠른 속도로 생물종이 멸종하고 있다는 연구 결과도 나왔다. 지금까지 지구에서는 다섯 번의 **대멸종**〔지구 역사상 짧은 기간에 생물 종이 대규모로 멸종하는 것을 말하는데 생물 종의 70% 이상이 멸종하면 대멸종이라 한다.〕이 있었는데 마지막 다섯 번째 대멸종은 6,600만 년 전에 일어나 공룡을 비롯하여 전체 생물 종의 75%가 사라지게 되었다. 문제는 현재 여섯 번째 대멸종이 빠르게 진행되고 있다는 것이다. 더욱이 여섯 번째 대멸종은 자연 현상 아닌 인간에 의한 것으로 변화 속도가 너무 빨라 진화가 이를 따라잡지 못하고 있다.

그동안 동물원이 사람들의 호기심을 충족시키고 단순한 관람거리였다면, 이제는 멸종 위기에 있는 야생 동물을 보존하고 번식시켜 다시 자연으로 돌려보내는 보존 센터로 그 역할이 바뀌고 있다. 이에 동물 조련사의 역할도 공연을 위한 훈련에서 종을 보존하기 위한 관리와 야생 적응에 필요한 훈련이 더 강조될 것이다.

그것이 알고싶다 동물원에서만 볼 수 있는 야생 동물은?

북부흰코뿔소, 바바리사자, 긴칼뿔오릭스, 사불상 등과 같은 동물은 이제 야생에서는 볼 수 없는 야생 절멸(EW, Extinct in the Wild) 상태이다. 야생 생물을 보호하기 위한 환경 보호 관련 국제기구인 세계자연보전연맹(IUCN)에서는 멸종 위험이 높은 생물을 모아 '적색 목록(Red List)'이라는 보고서를 발표하고 있다. 적색 목록에서는 생물을 멸종 위기 상태에 따라 9가지 단계로 나눈다. 이 중에서 야생에서는 볼 수 없고 동물원과 같은 보호 시설에만 있는 상태를 '야생 절멸'이라고 한다.

2. 동물 조련사가 하는 일

동물 조련사는 시설에 있는 동물의 건강이나 운동 상태 등을 관리하고 동물이 특정한 역할을 할 수 있도록 동물의 특성에 대해 파악한 후 훈련시킨다. 동물원에서는 '사육 관리 중 훈련'이 중요한데, 훈련을 통해 동물이 사람을 두려워하지 않게 되고, 새로운 환경에 빠르게 적응할 수 있기 때문이다.

동물 공연의 경우 동물의 재주를 보여 주던 단순한 쇼(show)에서 스토리가 있는 연극 형태로 바뀌면서 조련사가 직접 공연을 기획하고, 동물과 함께 연기를 하는 경우도 있다.

동물의 먹이를 준비하고, 일정한 간격으로 먹이를 준다.

동물과의 의사소통을 위해 신호를 만들고, 반복해서 훈련을 시킨다.

동물의 건강 상태를 확인하고, 이상이 있을 경우 수의사에게 알린다.

새로운 공연을 기획하고, 공연에 필요한 기구를 개발하거나 구입한다.

동물 조련사

동물의 특성을 바탕으로 훈련 목적에 맞게 훈련 계획을 세운다.

공연 중 연기를 하거나 동물이 여러 행동을 할 수 있게 유도한다.

공연이 끝나면 공연장과 각종 도구를 정리한다.

동물 조련사와 관련 있는 직업

동물 조련사는 다루는 동물에 따라 세부적으로 나눌 수 있다. 망아지를 훈련시켜서 경주마나 승용마로 바꾸는 마필 관리사(말 조련사, 조교사), 개를 전문적으로 훈련시키는 애견 조련사(애견 트레이너, 핸들러), 수족관에서 수중 생물을 관리하고 연구하는 아쿠아리스트(수족관 관리자), 물개 조련사, 돌고래 조련사 등이 있다.

동물 조련사와 같이 동물과 소통하거나 동물의 행동을 변화시키는 직업에는 영화나 광고 등에 출연하는 동물배우가 감독이 의도하는 것을 표현할 수 있게 훈련시키는 동물배우 조련사(동물연기 조련사), 문제를 가진 동물과 소통해서 동물 주인에게 문제 해결 방법을 알려 주는 동물교감 전문가(애니멀 커뮤니케이터), 반려동물의 문제 행동을 분석하여 교정해 주는 반려동물 행동치료사, 도우미 동물을 활용하여 정신적·육체적으로 아픈 사람을 치료해 주는 동물매개 심리상담사 등이 있다.

이 밖에 동물 조련사가 주로 일하는 동물원에는 동물의 질병을 진찰하고 치료하는 수의사, 동물원 내 전시를 기획하고 진행하는 동물원 큐레이터, 동물의 먹이와 영양을 관리하는 동물 영양사, 죽은 동물을 연구나 전시에 사용할 수 있게 복원하는 동물 박제사 등이 있다.

동물 조련사는 자신이 훈련시킨 동물이 맡은 역할을 훌륭히 소화하여 많은 사람들에게 기쁨을 줄 때 뿌듯한 보람을 느낀다. 또한 장애인을 돕거나 폭발물, 마약류 등을 찾아내 사건을 해결했을 때 느끼는 보람은 더욱 크다고 할 수 있다.

한편으로는 살아있는 먹이를 다듬고, 주변 환경을 청결하게 관리해야 하기 때문에 육체적으로 힘이 많이 든다. 또한 야생 동물과 함께 지내면서 위험한 상황이 일어날 수 있기 때문에 항상 긴장해야 한다. 동물의 역할에 따라 1년 넘게 훈련을 반복하기도 하고, 경우에 따라 훈련에 실패하는 어려움도 겪을 수 있다.

 동물 조련사와 동물 사육사

동물 조련사는 동물이 공연이나 특정한 행동을 할 수 있도록 훈련시키는 일을 주로 한다. 동물 사육사는 동물에게 먹이를 주고, 건강 상태를 확인하는 등 동물을 보살피는 일을 한다. 우리나라에서는 대부분 동물 조련사와 동물 사육사를 따로 구별하지 않고, 동물 사육사가 조련사의 일을 함께 하는 경우가 많다.

3. 동물 조련사에게 필요한 능력

동물과 오랜 시간을 함께 지내야 하기 때문에 기본적으로 동물을 좋아해야 동물 조련사를 할 수 있다. 또한 우리가 보기에는 단순한 동작도 동물들이 따라하는 데는 1년이 넘게 걸릴 수도 있기 때문에 훈련을 위해서는 많은 시간과 노력이 필요하다. 따라서 인내심과 끈기는 필수이고, 강인한 체력도 요구된다. 또한 동물의 특성을 잘 이해하고, 교감할 수 있는 능력이 필요하다. 야생 동물을 다루기 때문에 갑자기 위험에 처했을 경우 해결할 수 있는 순발력과 함께 동물의 상태가 평소와 다른 이상한 점을 알아차릴 수 있는 섬세함이 있으면 도움이 된다. 맹인 안내견이나 마약 탐지견 등을 훈련시키는 조련사의 경우 전문 훈련소를 통해 교육을 받을 수 있다. 또한 한국애견연맹이나 한국애견협회에서 주관 및 시행하는 시험에 응시하여 훈련자격증(1~3급)을 취득할 수 있다.

특별한 일을 하는 개

여러 동물 중에서도 개는 '인간의 친구'라고 부를 정도로 여러 목적에 따라 오랜 세월 인류와 함께 하였다. 요즘은 훈련 기술이 발달하면서 전문 훈련을 통해 사람이나 기계를 대신하여 특수한 일을 하는 개들이 점점 늘어나고 있다. 대표적으로 시각장애인 안내견, 청각장애인 안내견, 지체장애인 안내견이 있고, 정서적인 안정과 재활에 도움이 되는 치료 도우미견, 외로운 노인에게 친구가 되고 시중도 드는 노인 도우미견이 있다.

특정 물질의 냄새를 맡아 찾아내는 탐지견에는 검역 탐지견, 마약 탐지견, 폭발물 탐지견이 있다. 이 밖에도 인명 구조견, 순찰견, 수색견 등이 있다.

4. 동물 조련사와 관련된 학과 및 자격증

- **관련 학과:** 동물자원학과, 자원동물산업과, 애완동물과, 해양생명과학과 등
- **관련 자격:** 국가공인 자격증은 없고, 민간 자격증인 반려동물관리사(한국반려동물관리협회)가 있다. 국가공인 자격증 중 다소 관계가 있는 것은 가축인공수정사, 축산기능사 · 산업기사 · 기사, 축산기술사 정도이다.

5. 동물 조련사의 직업 전망

1인 가구가 늘어나고 고령화가 빠르게 진행되면서 동물을 가족같이 여기는 문화가 자리를 잡고 있으며, 이에 따라 반려동물 시장이 급격하게 성장하고 있다. 또한 반려동물이 사람과 같이 생활하는 데 있어서 배변 훈련처럼 기본이 되는 훈련이나 동물의 문제 행동을 훈련을 통해 교정하는 것과 관련된 관심이 높아지고 있다.

동물원이나 테마파크 등에서는 동물 공연이 늘어나고 공연에 등장하는 동물의 종류도 다양해지면서 동물 조련사의 활동 영역과 수요가 늘어나고 있다. 하지만 동물 조련사가 일할 수 있는 곳이 많지 않기 때문에 일자리가 크게 증가하지는 않을 것으로 예상된다.

 동물 관련 새로운 직업

- **애완동물 동반시설 요양보호사:** 애완동물의 주인뿐만 아니라 애완동물도 함께 돌보는 직업
- **동물 영양사:** 동물의 사료와 간식을 연구 개발하고 영양 관리를 담당하는 전문가
- **동물 변호사:** 동물과 관련된 사건을 전문적으로 맡아서 처리하는 변호사
- **동물재활 공학사:** 장애를 가진 동물을 위해 전용 보조기구를 만드는 전문가

동물 조련사

동물 조련사가 되기 위해서는 특성화고등학교의 반려동물이나 애견과 관련된 학과나 전문대학 또는 대학에서 동물과 관련된 동물자원학과, 자원동물산업과, 애완동물과, 해양생명과학과, 수의학과 등을 나오면 좀 더 유리하다. 대학에서는 동물의 번식이나 생리, 해부 등 동물에 대해 깊게 배울 수 있어서 도움이 된다.

현재 동물 조련과 관련한 국내 자격증은 없으며 취업 시 특별한 자격증을 요구하지는 않는다. 취업처에서는 보통 관련 분야의 실무 경력을 중요하게 본다. 대학을 졸업하면 보통 동물원이나 테마파크, 동물훈련센터, 동물농장, 아쿠아리움(수족관), 애견 학교 등에 취업을 한다. 우리나라의 경우 동물 조련사가 아직까지는 활동 영역이 넓지 않은 편이라 채용 인원이 많지 않고 필요할 때만 뽑기 때문에 대형 동물원의 경우 취업 경쟁이 심한 편이다.

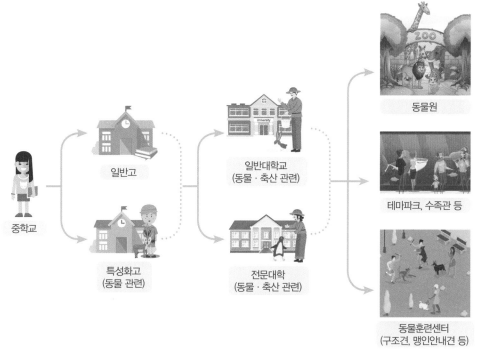

🔵 동물 조련사의 커리어 패스

대학교 관련 학과

동물자원학과

학과 소개

동물자원학과에서는 동물과
관련하여 생물학, 유전학, 생리학
등을 기초로 동물의 보호와 관리를 위한
동물행동학, 동물사육을 위한 동물 영양학,
동물번식기술 등의 이론과 실험을 바탕으로
동물 자원과 관련한 산업 분야의 전문
인력을 양성하는 학과이다.

진출 직업

낙농 및 사육 관련 종사자,
동물 조련사, 가축방역관,
야생동물 연구사, 생명공학 연구원,
식품 관련 연구원, 공무원, 축산 및
수의학 분야 연구원, 축산업자,
교수 등

적성 및 흥미

동물과 생활하는 시간이 길기
때문에 동물을 좋아하고 관심이 많은
학생에게 적합하다. 과학 과목을 재미있어
하고 실험이나 실습에 흥미가 있으면 도움이
된다. 실험과 실습을 하는 경우가 많아
결과가 나올 때까지 매달리는 끈기
있는 자세가 필요하다.

관련 학과

동물자원학과, 동물자원학부,
동물조련이벤트과, 동물산업융합학과,
동물생명공학과, 동물생명자원과학과,
동물생명환경과학과, 동물소재공학과,
동물응용과학과, 반려동물산업학과,
산업동물학과, 식품 · 동물생명공학부,
특수동물학과, 애완동물학과,
애완동물관리과, 애완동물자원학과,
애완동물학부 등

자격 및 면허

축산기능사 · 산업기사 ·
기사, 축산기술사,
가축인공수정사,
동물간호복지사 등

★기업체★
동물 생산관리 및 유통 업체,
민간 동물원, 동물농장, 애완동물 관련 회사,
기업경영목장, 유가공업체, 사료회사, 동물약품 관련
업체 등
★연구소★
정부출연 연구소, 농촌진흥청 산하 연구소, 동물 관련 기업체
연구소 등
★정부 및 공공 기관★
공공 동물원, 공무원 등
★학계 · 교육계★
특성화고등학교, 대학 등
★기타★
조합, 협회 등

진출 분야

★동아리 활동★
생물이나 애완동물 관련 동아리 활동을 통해 전공과 관련된 지식과 많은 경험을 쌓는 것이 중요하다.

★봉사 활동★
유기견 보호소나 동물 보호 센터, 동물원과 같은 곳에서 지속적인 봉사 활동을 하는 것이 좋다.

★독서 활동★
동물, 생명, 사육사와 관련한 독서를 통해 전공 지식을 늘리는 것이 좋다.

★교과 공부★
생물, 체육, 영어, 수학 교과의 학업 역량을 키우도록 노력하고 수업시간에 적극적으로 활동한다.

★교외 활동★
애완동물과 관련한 직업인 강연이나 동물원에서 하는 직업 체험에 참여하는 것을 권장한다.

※ 생물, 수학 교과 수상 실적이나 생물 관찰 보고서 등을 작성하면 도움이 된다.

16 전자공학 기술자

관련 학과
전자공학과
136쪽

1. 전자공학 기술자의 세계

2017년 우리나라의 한 기업에서 화면이 늘어나는 스트레처블 디스플레이(stretchable display)를 세계 최초로 공개하였다. 기존의 플렉서블 디스플레이가 한 방향으로만 변형된다면 스트레처블 디스플레이는 다양한 방향으로 늘어날 수 있어서 혁신적이라 할 수 있다.

기존의 디스플레이는 형태적인 한계가 있고 착용감이 떨어져 웨어러블(wearable) 기기에 적용하기에는 한계가 있었다. 하지만 스트레처블 디스플레이는 유연하게 늘어날 수 있어서 다양한 부위에 착용이 가능하여 활용도가 높다. 영화에서나 보았던 스트레처블 디스플레이가 상용화되면 스마트 의류나 소형 의료기기 등의 분야에 활용될 전망이다. 우리 생활에 접히고, 휘어지고, 늘어나는 디스플레이가 현실로 다가오고 있는 것이다.

이와 함께 화면이 투명하여 배경이 보이는 '투명 디스플레이'도 개발되어 머지않아

> ↗ 몸에 착용하거나 부착하여 사용하는 전자기기

> ↗ IT 기술과 첨단 소재 기술을 결합한 옷

자동차 유리나 상가의 쇼윈도, 건물 외벽의 창문 전체 등에 투명 디스플레이 사용이 가능할 전망이다. 더 나아가 벽면 전체가 화면이 되는 '전자 아트월'이 개발되면 교실에서 칠판과 TV, 스크린이 사라지고 벽 자체가 칠판이자 TV가 될 것이다.

디스플레이뿐만 아니라 우리가 현재 사용하고 있는 스마트폰이나 TV, 5G(5세대 이동통신) 모두 예전에는 영화나 소설처럼 상상 속에서만 존재했던 것들이다. 이러한 새로운 세상을 만드는 전자기기를 연구하고 개발하는 전문가가 바로 전자공학 기술자이다.

우리의 삶을 더욱 편리하고, 풍요롭게 만들어주는 전자공학은 전자의 특성을 이용하여 다양한 제품을 연구 개발하는 학문이다. 전자공학에는 반도체, 통신, 자동제어, 신호처리 등 여러 분야가 있는데, 정보를 받아들이는 센서와 신호처리가 대표적인 분야라고 할 수 있다. 전자공학 기술자는 크기는 작지만 더 많은 정보와 기능을 담고, 보다 빠른 제품을 개발하기 위해 고민하고 연구한다.

 새로운 형태의 각종 디스플레이

- **롤러블 디스플레이**(rollable display): 둘둘 말았다가 사용할 때 펼쳐서 쓸 수 있는 디스플레이
- **폴더블 디스플레이**(foldable display): 접거나 펴서 사용할 수 있는 디스플레이
- **디포머블 디스플레이**(deformable display): 형태를 자유자재로 휘거나 접을 수 있는 디스플레이
- **스트레처블 디스플레이**(stretchable display): 고무줄처럼 늘어나는 디스플레이

2. 전자공학 기술자가 하는 일

전자공학 기술자는 전자에 관한 기본적인 이론을 바탕으로 휴대폰, 가전제품, 의료기기 등의 전자기기와 시스템에 쓰이는 전자회로와 부품을 연구 · 개발하고 이를 생산하는 과정을 관리 · 감독하는 일을 하는 전문가다. 우리나라의 대표 산업인 휴대폰, 디스플레이를 비롯하여 '산업의 쌀'이라 불리는 반도체까지 모두 전자공학 기술자의 손을 거쳐 만들어지고 있다.

새로운 제품의 설계·개발을 위한 시장조사를 통하여 제품 소비 경향이나 기술 변화 등을 분석한다.

아이디어 개발을 통해 나온 결과를 놓고 기술적·경제적으로 생산이 가능할지 사업성을 분석한다.

생산 과정에서 생기는 문제점을 찾아 개선하고, 불량품이 나오지 않게 검사한다.

시제품을 설계하고 만들어 기능과 강도 등을 검사한다.

제품과 관련하여 연구 개발한 결과를 보고서로 작성한다.

전자공학 기술자

전자부품, 제품, 시스템 등을 개발·설계 및 검사·평가한다.

새로운 제품을 기존의 생산 라인으로 만들 수 있는지, 새로운 생산 라인을 만들어야 하는지 생산 담당자와 협의한다.

전자장비, 시스템 등을 유지 보수하는 활동에 대해 조언하거나 지휘한다.

전자기기나 시스템을 통해 우리의 삶을 더 풍요롭고 가치 있게 변화시킬 수 있다는 것에 보람과 자부심을 느낀다. 수많은 어려움을 이겨내고 개발한 제품이 사람들에게 사랑받고 삶에 큰 영향을 미칠 때 느끼는 뿌듯함은 이루 다 말할 수 없다. 하지만 새로운 것을 개발하는 과정은 매우 힘들다. 초과 근무를 하는 경우도 많고, 오랜 기간 성과 없이 계속 실패만 하는 경우도 있어서 스트레스를 많이 받는다.

전자공학 기술자는 일반적으로 사무실이나 연구소 같은 실내에서 일을 하고, 제품 생산을 관리, 감독하는 경우 생산 현장에서 작업을 한다. 반도체와 같은 정밀 부품을 다루는 경우 머리에서 발끝까지 방진복을 입고 청정 공간인 클린룸에서 일을 한다.

 전자공학 기술자와 관련 있는 직업

전자공학에는 분야에 따라 다양한 전문가가 있다. 전자제품개발 기술자는 전자제품과 시스템을 연구 개발하고 이와 관련한 운영 및 검사절차를 개발하는 일을 한다. 반도체공학 기술자는 반도체 집적회로를 설계하고, 제조기술 등을 연구하며, 유지 보수를 기획·지휘한다. 전자계측제어 기술자는 운영 상태를 측정하여 원하는 상태로 자동제어하는 계측제어 설비를 개발하고, 시스템의 제어와 계측에 대한 연구를 한다. 전자의료기기개발 기술자는 CT, MRI, 초음파기기, 심전도기 등과 같은 의료기기의 전자회로기판을 설계·개발하고 제품 생산 과정을 감독하고 지원하는 업무를 한다. 디스플레이 연구원은 디스플레이 관련 기술을 개발하고, 제품 개발에 필요한 연구를 하며, 품질 향상을 위한 소재·공정·시스템 개선 등의 일을 한다.

Tip⁺ **전자공학 분야의 분류**

전자공학 분야는 크게 반도체, 통신, 회로설계, 자동제어, 신호처리, 컴퓨터 등으로 나눌 수 있다.
- **반도체**: 반도체를 설계하고 만드는 것을 연구한다.
- **통신**: 유무선 통신으로 정보를 빠르고 정확하게 보낼 수 있는 방법을 연구한다.
- **회로설계**: 전자제품에 들어가는 회로나 칩(chip)을 설계하는 것을 연구한다.
- **자동제어**: 컴퓨터와 같은 장치를 이용하여 자동으로 기계를 원하는 대로 움직이게 하는 방법을 연구한다.
- **신호처리**: 영상, 음성 등과 신호를 원하는 목적에 맞게 바꾸는 것을 연구한다.
- **컴퓨터**: 컴퓨터 하드웨어의 구조나 칩에 대해 연구한다.

3. 전자공학 기술자에게 필요한 능력

기본적으로 공학에 대한 관심이 있고, 수학과 물리학을 좋아하며, 기계를 다루는 것에 흥미가 있으면 좋다. 연구 개발 업무를 하다보면 각종 데이터를 비교·분석하고 문제를 해결해야 하는 일이 많아 논리적으로 생각하고 분석하는 능력과 문제 해결력이 중요하다. 이와 함께 새로운 제품을 개발하기 위한 창의적인 생각과 개발 과정에서 생기는 문제를 포기하지 않고 끝까지 해결하려는 자세가 필요하다. 제품 개발은 여러 분야의 전문가와 함께 일을 하기 때문에 원만한 대인관계를 통한 협업 능력과 의사소통 능력이 매우 중요하다.

4. 관련 학과 및 자격증은?

- **관련 학과**: 전자공학과, 전자전기공학과, 융합전자공학부, 전자통신공학과, 전자정보통신공학과, 전기전자통신공학부, 전기전자통신컴퓨터공학부, 전자제어공학과, 전기전자제어공학과, 전자컴퓨터공학과, 컴퓨터전자시스템공학부, 스마트전기전자공학부, 에너지전자융합전공, 전자재료공학과, 전자로봇공학과, 나노광전자학과, 전자디스플레이공학부, 반도체디스플레이학과 등
- **관련 자격**: 전자산업기사·기사, 반도체설계산업기사·기사, 전자기기기능사, 전자기기기능장, 전자계산기기능사·기사, 전자계산기제어산업기사, 전자계산기조직응용기사, 전자응용기술사, 산업계측제어기술사, 정보통신기사 등

Tip⁺ **전기공학, 전자공학, 컴퓨터공학, 정보통신공학은 어떻게 다른가?**

전자공학은 반도체가 등장하면서 전기를 이용하는 방법에 대해 연구하는 전기공학에서 갈려 나왔다. 이후에 컴퓨터를 전문적으로 연구하는 컴퓨터공학이 전자공학에서, 전자공학의 한 분야인 통신에 대해 연구하는 정보통신공학이 전자공학에서 갈려 나오게 되었다. 전기에서 전자가, 또 전자공학에서 컴퓨터공학과 정보통신공학이 파생되었기 때문에 전반적으로 배우는 내용은 비슷하다. 이런 배경 때문에 융합 시대를 맞아 학과 간 경계가 낮아지면서 전기전자통신공학부 혹은 전기전자컴퓨터공학부 등으로 통합하는 경향이 있다.

대략의 차이점을 보자면 전자공학에서는 반도체와 하드웨어 분야, 컴퓨터공학은 컴퓨터의 소프트웨어 분야, 정보통신공학에서는 네트워크를 주로 연구한다. 구체적인 차이점은 진학하려는 대학의 교육과정과 배우는 전공과목에 대해 알아보면 확인할 수 있다.

5. 전자공학 기술자의 직업 전망

전자공학은 여러 산업 중에서 응용 폭이 매우 넓은 융·복합 학문으로서 반도체, 통신, 제어, 컴퓨터 분야에서 로봇, 광학, 바이오 등의 분야로 그 응용 범위가 점점 늘어나고 있다. 더욱이 4차 산업혁명 시대가 열리면서 사물 인터넷, 자율주행, 드론 등 전자공학 기술자가 활동할 영역이 더욱 넓어질 전망이다.

다만 우리나라의 주요 수출 품목인 휴대폰, 반도체, 디스플레이의 수익성이 점차 낮아지고, 중국이나 미국 기업과의 경쟁으로 시장 점유율이 떨어지면서 전자공학 기술자의 수요가 전체적으로 현재보다 크게 증가하지는 않을 것으로 예상된다.

전자공학 기술자

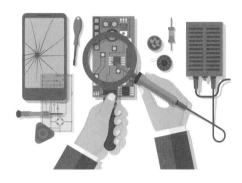

전자공학 기술자가 되기 위해서는 전문대학이나 일반대학에서 전자공학과, 전자전기공학과, 전자통신공학과, 전자컴퓨터공학과, 반도체디스플레이학과 등과 같이 전자 관련 학과를 전공하거나, 특성화고에서 전자 관련 과를 졸업하고 현장에서 실무 경력을 쌓는다.

대학에서 전기공학, 반도체공학, 통신공학 등을 전공해도 가능하다. 관련 학과에서 전자정보, 반도체, 신호처리, 컴퓨터, 통신 분야에 대한 교육과 연구를 한다.

대학원에 진학하여 석사 이상의 학력을 갖추면 전문 지식을 요구하는 연구 개발 분야에서 일을 할 수 있으며, 기업체 연구소로 가면 상품을 새롭게 개발하거나 개선하는 상품화 연구나 기초 연구를 하게 된다. 대학을 졸업하면 보통 전자제품을 만드는 회사 또는 반도체, 통신, 자동차, 항공기, 선박 관련 업체, 전자의료기, 사무자동화기기를 생산하는 업체에 취업하여 주로 전자회로나 컴퓨터 프로그래밍 관련 부서에 배치된다.

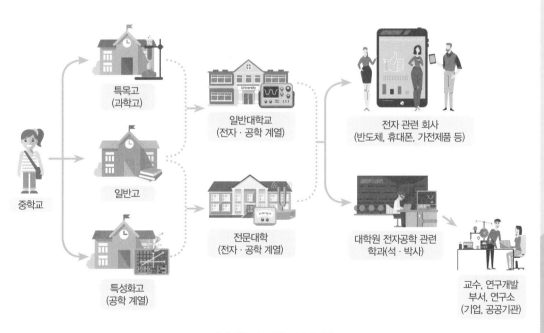

🔵 전자공학 기술자의 커리어 패스

전자공학과

대학교 관련 학과

학과 소개

전자공학은 전자의 성질을 이용하여 만든 신호를 통해 기기나 장치를 움직이거나 정보를 처리하는 것을 연구하는 학문이다. 전자공학과에서는 전자, 전기에 대한 기본적인 이론과 반도체, 자동제어, 정보통신, 컴퓨터, 신호처리, 회로설계 등의 전공 관련 이론과 실습을 통해 전문기술을 갖춘 창의적이고 융·복합시대에 적합한 인재를 양성한다.

진출 직업

전자제품개발 기술자, 반도체공학 기술자, 전자계측제어 기술자, 전자의료기기개발 기술자, 디스플레이 연구원, 정보공학전자 기술자, LED 연구 및 개발자, RFID 시스템 개발자, 빌딩자동화설계 기술자, 공장자동화설계 기술자, 공학계열 교수, 변리사, 공무원 등

적성 및 흥미

수학, 물리, 화학 과목을 좋아하고 기계를 다루는 것에 흥미가 있는 학생에게 적합하다. 전자 분야는 발전 속도가 빨라 새로운 것에 대한 호기심이 왕성하고 열정이 있는 사람에게 적합하다. 문제점을 발견하면 끝까지 해결해보려는 끈기 있는 자세와 인내심이 있으면 도움이 된다. 여러 사람과 같이 일을 하는 경우가 많아 협업능력과 의사소통 능력이 중요하다.

관련 학과

전자전기공학과, 융합전자공학부, 전자통신공학과, 전자정보통신공학과, 전기전자통신공학부, 전기전자통신컴퓨터공학부, 전자제어공학과, 전기전자제어공학과, 전자컴퓨터공학과, 컴퓨터전자시스템공학부, 스마트전기전자공학부, 에너지전자융합전공, 전자재료공학과, 전자로봇공학과, 나노광전자학과, 전자디스플레이공학부, 반도체디스플레이학과 등

자격 및 면허

전자산업기사 · 기사,
반도체설계산업기사 · 기사,
전자기기기능사, 전자기기기능장,
전자계산기기능사 · 기사,
전자계산기제어산업기사,
전자계산기조직응용기사,
전자응용기술사, 산업계측제어기술사,
정보통신기사 등

진출 분야

★기업체★
전자기기 · 부품 설계 및 제조업체, 통신회사,
자동차업체, 건설회사, 첨단 의료장비 제조업체,
전자 소자 제조업체

★연구소★
전자 · 전기 관련 기업연구소, 정부출연연구기관 등

★정부 및 공공기관★
한국전력공사, 국방부, 기술직 공무원 등

★학계 · 교육계★
특성화고등학교, 대학 등

★기타★
변리사 등

★동아리 활동★

전자 관련 동아리 활동을 통해 전공 관련 지식을 늘리고, 열린 사고로 구성원과 협업하는 경험을 쌓는 것이 좋다.

★봉사 활동★

사회복지시설 등에서 진정성을 가지고 6개월 이상 꾸준히 봉사 활동을 하도록 한다.

★독서 활동★

공학에서 인문학까지 다양한 분야의 책을 읽고, 친구들과 책과 관련된 내용에 대해 의견을 나누면서 전공 지식을 쌓을 것을 추천한다.

★교과 공부★

디지털적 사고가 기본이 되는 전공이라 수학 교과 역량을 키우고 과학, 물리(물리 II 포함), 영어 교과 실력도 높이도록 노력한다.

★교외 활동★

전공과 관련한 다양한 진로체험을 하고 대학에서 진행하는 전공 관련 진로 프로그램에 참여하는 것이 좋다.

※ 수학, 과학, 물리 교과 수상 경력이나 자율주제 탐구대회 등의 수상 실적이 도움이 된다.

I7 기상 캐스터

관련 학과
대기과학과
144쪽

1. 기상 캐스터의 세계

세계 경제에 80%의 영향력을 미치는 요소는 무엇일까? 언뜻 환율이나 석유를 떠올릴 수 있겠지만 '날씨'라는 사실을 알게 되면 많은 사람들이 의아하게 생각한다. 하지만 무더운 날씨에 아이스크림이나 음료를 사먹는 자신의 모습을 떠올려 보면 가격보다는 기온의 변화가 더 큰 구매 원인이라는 사실을 알 수 있다. 기온과 관련해서 콜라의 경우 25도가 넘으면 매출이 급격히 늘어나고, 1도씩 오를 때마다 15% 정도 매출이 증가한다고 한다. 반대로 우유나 요구르트는 기온이 20도에서 30도로 올라가면 8% 정도 판매량이 감소한다는 연구 결과가 있다.

홈쇼핑이나 백화점과 같은 유통업의 경우 황사가 예상되면 공기 청정기나 정수기를 판매하는 것처럼 기상 상황과 계절의 변화를 파악하여 이와 관련한 상품을 판매해 매출을 늘리고 있다. 건설업에서는 많은 비가 예상되면 사전에 공사 일정을 조절하여 안전

사고를 예방하고 부실시공을 막아 품질을 관리하고 있다. 항공사의 경우 과거 10년간의 기상 정보를 토대로 항공기 운항 가능 시간을 분석하여 결항이나 지연과 같은 비정상 운항 편수를 줄여 연간 수십억 원의 비용을 절약한다.

이처럼 날씨가 경제에 미치는 영향력이 커지면서 기업 경영에 날씨를 활용하는 '날씨 경영'에 관심이 높아지고 있다. 날씨와 관련된 빅데이터를 활용하여 기업은 수익을 늘리고 손실을 줄여 경영의 효율을 높이는 것이다. 국가 차원에서도 날씨 관련 빅데이터를 전력 수요 예측에 활용하여 수천억 원의 발전 연료비를 절약하거나 날씨, 즉 기상 정보를 바탕으로 댐의 수문을 관리하고 있다. 특히 기상이변이 늘어나면서 기상 정보를 활용하여 태풍이나 홍수, 폭염 등과 같은 재난을 사전에 관리하여 피해를 최소화하고 있다.

이제 날씨는 단순한 정보가 아닌 중요한 생활 요소이자 경제 요소라 할 수 있다. 지구 온난화로 기후 변화가 심해지면서 날씨를 사람들에게 알기 쉽게 전달하는 기상 캐스터는 현대 사회에 없어서는 안 될 중요한 '날씨 전문가'라고 할 수 있다. 기상 캐스터는 단순히 날씨만을 전달하는 것이 아니라 시청자들이 날씨에 따라 무엇을 궁금해 하는지를 생각하는 것이 중요하다. 예를 들어 가을에 태풍 소식을 전달하면서 과일이나 채소의 수요나 가격 등에 대한 예상 정보를 함께 전달하는 것과 같이 시청자들의 궁금증을 해소해 주면서도 꼭 필요한 정보를 함께 보도하기 위해 시청자의 입장에서 보는 시각이 필요하다.

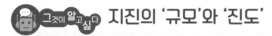

그것이 알고싶다 지진의 '규모'와 '진도'

규모는 진원(지진이 시작된 땅 속 지점)에서 나온 에너지의 양을 나타낸 것으로 위치와 관계없는 절대적인 크기이다. 규모 1이 증가하면 진폭은 10배, 에너지는 32배 커지고, 규모 2가 증가하면 에너지는 1024배(32×32) 커진다.

진도는 지진이 일어났을 때 어느 지점에서 사람이 느끼는 정도와 구조물의 피해 정도에 따라 진동의 세기를 나타낸 것으로 상대적인 크기이다. 진도는 진앙(진원의 바로 위에 해당하는 지표면의 지점)에서 멀어질수록 낮아진다. 따라서 규모 5.0과 진도 5.0의 지진은 다르다.

2. 기상 캐스터가 하는 일

기상과 관련된 직업은 크게 기상 정보를 분석하고 예측하는 일과 그것을 전달하는 일로 나눈다. 기상 캐스터는 기상 정보를 사람들에게 알기 쉽게 만들어 방송을 통해 전달하는 전문가로 기상 전문가와 방송 전문가 역할을 동시에 한다고 볼 수 있다.

기상청에서 제공하는 예보를 분석한다. 특보처럼 긴급하고 중요한 자료는 방재 정보 시스템이나 기상청의 특보 현황, 통보문을 확인한다.

분석한 예보를 기초로 날씨 관련 아이콘, 배경, 그래프 등을 정해 영상그래픽 디자이너에게 의뢰한다.

방송 내용에 맞게 소품과 의상을 준비한다.

뉴스나 날씨 관련 방송을 통해 기상 정보를 전달한다.

방송에서 사용할 기상 정보 원고를 작성해 방송 연출가(PD)와 협의하여 최종적으로 편집한다.

기상 캐스터는 기상 정보를 통해 폭우나 폭설 등 위험한 사항을 사전에 알림으로써 많은 사람들의 안전을 지키고 자연재해로 인해 생기는 경제적인 손실을 줄이는 역할을 할 수 있다는 것에서 보람을 찾을 수 있는 직업이기도 하다.

날씨는 우리 생활에 큰 영향을 주기 때문에 예보를 보고 도움이 되었다는 전화를 받기도 하고 반대로 예측이 틀렸을 경우 항의 전화를 받는 경우도 있다. 근무 시간은 유동적인데 새벽에 방송을 할 경우 일찍 일어나야 되어서 부담스럽지만 보통 3~5시간 정도 일하기 때문에 낮 시간을 자유롭게 사용할 수 있는 이점도 있다. 저녁에 방송을 할 경우

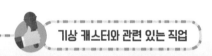

기상 캐스터와 관련 있는 직업

기상 캐스터가 날씨 예보를 하기까지는 다양한 분야의 전문가들과 관련되어 있다. 기상 관측 자료를 분석하고 좀 더 나은 날씨 예보 방법을 연구 개발하는 기상 연구원, 기상을 관측한 자료와 일기도를 분석하여 날씨를 예보하는 기상 예보관 등이 있다.

기상 캐스터는 방송과도 관계가 있어서 프로그램을 만들고 전체 진행을 책임지는 방송 연출가(PD), 연출가를 옆에서 돕는 조연출(AD), 무대를 프로그램에 맞게 만들고 꾸미는 무대감독(FD), 방송 출연자의 모습을 카메라에 담는 촬영기사, 조명을 이용하여 촬영에 필요한 빛을 비추는 조명기사, 무대의 소리를 마이크로 담는 음향기사, 날씨 예보에 사용하는 문자, 아이콘, 데이터 등을 디자인하고 방송하는 영상그래픽 디자이너, 기상 캐스터의 의상부터 액세서리까지 종합적으로 연출하는 코디네이터, 화장을 통해 분위기에 맞는 조화로움을 연출하는 메이크업 아티스트(분장사)와 같이 일을 한다.

이 밖에도 기상 정보를 기업이나 개인의 필요에 맞게 맞춤형으로 제공하는 기상 컨설턴트, 항공 기상 정보를 항공사 등에 제공하는 항공기상 전문가, 주로 라디오를 통해 기상 관련 정보를 전달하는 기상 리포터, 기상 분야 뉴스를 전문적으로 취재해서 기사를 쓰는 기상 전문기자 등이 있다.

에는 오후에 출근해 밤늦게 퇴근하며, 주말 및 공휴일에 근무하는 경우도 많다. 날씨예보는 대부분 생방송이기 때문에 자연스런 진행을 위해서 원고를 외우고 방송에 임하는 것이 좋다.

 프롬프터와 크로마키

- 프롬프터(prompter): 방송에서 원고 등을 띄워 주는 장치로 카메라에 편광반사판과 원고 내용이 쓰여 있는 모니터를 붙인 장치이다. 프롬프터가 있으면 진행자는 카메라를 보면서 자연스럽게 원고를 읽을 수 있다.
- 크로마키(chroma-key): 두 개의 영상을 합성하는 기술로 영상에서 사람과 배경을 분리한 후 분리한 사람을 다른 배경에 합성하는 것이다. 보통 날씨 예보나 선거 방송 등에 쓰인다. 크로마키판과 같은 색의 옷을 입을 경우 옷 위로 그림이 보여 다른 색의 옷을 입어야 한다.

3. 기상 캐스터에게 필요한 능력

기상 캐스터는 기상과 방송이라는 두 가지 영역을 다루기 때문에 기상에 대한 기본적인 지식을 바탕으로 기상 정보를 제대로 이해하고 분석하는 능력과 함께 어려운 기상 정보를 이해하기 쉽게 전달할 수 있는 능력이 필요하다. 또한 바른 전달을 위하여 발음이 정확해야 하고 호감을 줄 수 있는 외모라면 도움이 된다. 기상 정보 원고는 직접 작성하기에 글쓰기 능력도 필요하다. 수많은 기상 정보를 1분 30초 내외인 방송 시간에 맞추기 위해서는 핵심을 파악하여 요약하는 능력도 있어야 한다. 무엇보다 폭우, 태풍, 폭염 등 재난에 관련한 정보를 다루기 때문에 정확하게 전달하는 것이 중요하다. 날씨 예보는 대부분 생방송이고 특보의 경우 원고 없이 긴박하게 진행하는 경우도 많아 순발력이 요구될 때도 있다.

4. 기상 캐스터와 관련된 학과 및 자격증

- **관련 학과:** 대기과학과, 지구과학과, 천문·기상학과, 환경공학과, 신문방송학과 등
- **관련 자격:** 기상기사, 기상감정기사, 기상예보기술사(면허), 기상감정사(면허)

5. 기상 캐스터의 직업 전망

지상파 방송, 종합편성채널, 케이블 방송 등 다양한 매체와 함께 채널이 늘어나면서 기상 정보를 다루는 프로그램도 많아짐에 따라 기상 캐스터의 채용도 증가하였다. 또한 기상산업진흥법이 시행되면서 기상청뿐만 아니라 민간 기상사업체도 자체적으로 기상 예보를 할 수 있게 되고, 날씨 경영에 대한 수요도 늘어나면서 관련 업체가 증가하였다. 이에 기상 캐스터의 수요가 늘어났으나 기상 캐스터로서 일할 수 있는 자리 자체가 많지 않아 채용이 크게 늘어나지는 않을 것으로 전망된다.

 기상 관련 새로운 직업

- **기상 컨설턴트:** 기상 정보를 기업이나 개인의 특성에 따라 가공하여 제공한다.
- **기상 조절 전문가:** 대기를 연구해 비나 눈이 오게 하거나 폭풍우를 완화하는 등 특별한 목적을 가지고 인위적으로 기상 변화를 일으킨다.
- **기상 조절 통제관:** 나쁜 목적으로는 기상 조절을 하지 못하게 하고 기상 무기를 통제한다.
- **온실가스 처리 연구원:** 온실가스 저감 장치를 개발 및 처리하는 기술을 연구한다.
- **우주기상 예보관:** 우주의 기상 상태를 관측하고 예보한다.

기상 캐스터

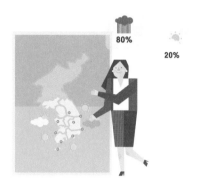

　기상 캐스터가 되기 위해서는 보통 대졸 이상의 학력이 필요하고 전공은 크게 상관은 없지만 대기과학과, 천문·기상학과 등 기상 관련 학과나 신문방송학과를 나오면 도움이 된다. 일반적으로 방송 아카데미나 아나운서 양성 학원과 같은 방송 관련 교육 기관을 통해 준비하는 경우가 많은 편이다. 대학 졸업 후 지상파, 종합 편성 채널, 케이블, 유선 방송과 같은 방송국이나 기업의 사내 방송국, 민간 기상업체에 취업한다.

　기상 캐스터는 공개 채용을 하는데 매년 뽑지 않고 적은 인원을 필요할 때만 채용하며, 뽑는 인원에 비해 지원하는 사람이 많아 경쟁이 치열하다. 따라서 평소에 원고 작성, 스피치, 카메라 테스트 등과 같은 실기 평가도 대비해야 하는데, 방송 아카데미나 스피치 학원을 이용하거나 방송 및 관련 영상을 보면서 반복하여 연습을 한다. 한편 기상 캐스터는 방송국에서 아나운서와 달리 보도국 소속으로 대부분 계약직이나 프리랜서로 일하는 경우가 많다.

└➤ 계약 기간 동안에만 회사에 소속되어 일하는 사람

└➤ 일정한 소속이 없이 자유 계약으로 일하는 사람

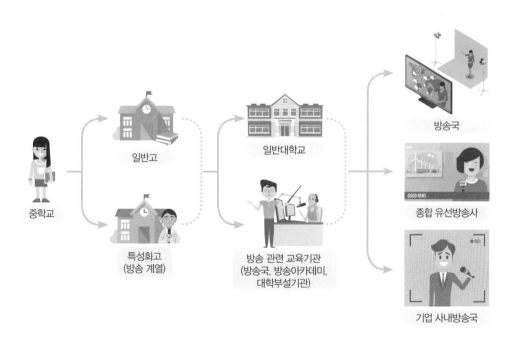

🔵 기상 캐스터의 커리어 패스

대학교 관련 학과

대기과학과

학과 소개

대기과학은 대기권에서
나타나는 다양한 현상을 연구하여
기상현상의 본질을 이해하는 학문으로
미래의 대기 상태를 예측하고,
기상이변과 대기환경의 오염 피해를
줄이고 보존하는 데 기여할 수
있는 전문 인력을 양성하는
학과이다.

진출 직업

기상 연구원, 기상 캐스터,
기상 컨설턴트, 일기 예보관,
운항 관리사, 대기환경 기술자,
환경기상 기자, 환경공학
기술자, 대학 교수 등

적성 및 흥미

기상 관련 직업을 가지려면 대기
안에서 나타나는 현상에 대해 관심이
있어야 하고 기본적으로 수학, 물리,
지구과학, 생물 등의 기초 과학 과목에 흥미를
가지면 도움이 된다. 또한 대기권 안의 여러
현상을 연구하기 위해서는 세심하게
관찰하는 꼼꼼함과 함께 논리적인
사고력이 요구된다.

자격 및 면허

기상기사,
대기환경산업기사 · 기사,
기상감정기사,
기상예보기술사(면허),
기상감정사(면허) 등

진출 분야

★기업체★
민간 기상사업체, 항공사, 환경
관련 업체, 언론사 등

★연구소★
기상연구소, 국립환경연구원, 한국과학기술원,
국립재난안전연구원, 항공우주연구소, 한국해양연구원 등

★정부 및 공공기관★
기상청, 과학기술정보통신부, 국토교통부, 환경부,
수자원공사, 기상장교 등

★학계 · 교육계★
중 · 고등학교, 대학 등

관련 학과

대기과학과,
대기환경과학과,
천문대기과학전공,
지구시스템과학부 등

★동아리 활동★

과학 관련 동아리 활동을 통해 전공 관련 지식을 늘리고 방송반과 같은 동아리를 통해 방송 경험을 쌓으면 좋다.

★봉사 활동★

지속적인 봉사 활동을 하도록 하고, 시각 장애인을 위한 음성 도서 제작 같은 봉사를 권장한다.

★독서 활동★

대기, 천문, 우주 분야와 함께 방송 관련 독서를 하고 친구들과 책과 관련한 내용을 토의하면 좋다.

★교과 공부★

과학, 물리, 수학 교과 실력 향상에 힘쓰고 모둠 활동 때 적극적으로 참여하면서 의사소통 능력을 기르도록 한다.

★교외 활동★

전공과 관련하여 다양한 진로 체험을 하고 특히 기상청 체험 학습을 신청해 기상 캐스터를 체험해 본다. 대학에서 진행하는 전공 관련 진로 프로그램에 참여하는 것을 권장한다.

※ 수학, 과학, 지구과학, 물리 교과 수상 경력이나 과학 탐구 대회 등의 수상 실적이 도움이 된다.

18 데이터베이스 개발자

관련 학과
컴퓨터공학과
152쪽

1. 데이터베이스 개발자의 세계

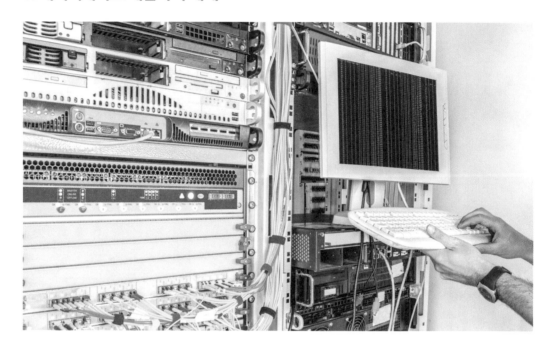

    우리 생활의 대부분이 데이터화되는 디지털 세상이 되면서 데이터의 양이 기하급수
적으로 증가하고 있다. 데이터의 양은 2년마다 2배씩 계속 증가하여 2025년에는 전 세
계 데이터의 규모가 현재보다 10배 늘어난 163제타바이트에 이를 것이라는 전망도 나
왔다. 데이터가 폭발적으로 늘어나면서 수집한 데이터를 안전하게 저장하고 오류가 나
지 않게 관리하는 시스템의 중요성이 커지고 있다.

→ 10의 21제곱을 의미하는 접두어 '제타(ZETTA)'와 컴퓨터 데이터의 양을 표시하는 단위인 '바이트(BYTE)'의 합성어이며, 1제타바이트(ZB)는 1조 1000억 기가바이트(GB)와 같다.

    데이터의 가치는 사람에 따라 다르겠지만 현대 사회에서 돈과 관련한 데이터의 중요
성은 누구나 느낄 것이다. 집을 사서 집값을 인터넷 뱅킹으로 이체했는데 상대방은 못
받고 내 계좌에서는 돈이 빠져 나갔다면 어떨까? 더욱이 기업에서 대량으로 물건을 사
고 나서 물건 값을 전자 결제했으나 시스템 오류로 돈이 사라졌다면? 이런 상황은 생각
만 해도 끔찍할 것이다. 이렇게 일어나서는 안 될 일들이 실제 여러 나라에서 일어났다.

2007년 호주에서는 급여를 처리하는 시스템에 문제가 발생, 수천 명의 노동자가 임금을 제대로 받지 못하여 12억 달러의 피해가 생겼으며, 일본에서는 5천만여 명의 국민연금 기록이 사라져 정부에 대한 국민들의 불신이 커졌고 그 해 선거에서 여당이 참패하는 결과를 낳게 되었다.

　　데이터가 사라지거나 오류가 나는 것뿐만 아니라 유출의 문제도 크다. 우리나라에서는 한 인터넷 사이트에서 가입자 3,500만 명의 이름, 연락처, 주민등록번호 등이 유출되는 사건이 발생하였고, 2017년 인도에서는 12억 인구의 신분증 시스템 데이터베이스가 유출되어 개인 정보가 범죄에 악용될 것을 우려하고 있다.

　　이렇듯 금융 거래나 개인 정보 등의 민감한 자료는 오류가 생기지 않고 유출되지 않도록 관리하는 것이 매우 중요하다. 예전에는 '장부'라고 해서 물건이나 돈의 거래 내역을 수기로 정리한 것이 따로 있었고, 회사에서는 장부를 관리하는 사람을 두었다. 하지만 컴퓨터가 널리 쓰이면서 워드프로세서나 엑셀 프로그램 등을 이용하여 파일로 자료를 저장하기 시작했으며, 회사가 커지고 거래량도 늘어나면서 관리해야 하는 자료가 많아져 파일의 수도 급격히 늘어나자 이를 따로 관리해야 할 필요성이 생겼다.

　　또한 여러 사람이 같이 작업하는 일이 늘어나면서 데이터를 함께 사용할 수 있고, 더 나아가 동시에 접속해서 작업할 수 있는 시스템이 필요하게 되었다. 뿐만 아니라 데이터를 여러 곳에 나누어서 보관하다 보니 불필요하게 겹치는 자료가 생기고, 시스템 속도도 느려지는 문제도 발생하였다. 하지만 데이터베이스(database)를 사용하기 시작하면서 자료를 효과적으로 관리하게 되었고, 자료 관리 비용도 절약할 수 있게 되었다.

　　이처럼 데이터베이스 개발자는 데이터베이스의 효과적인 사용을 위해 향상된 성능의 새로운 데이터베이스를 지속적으로 발전시키기 위해 연구하는 자세가 필요하다.

　　또한 데이터베이스 개발자가 만든 시스템이 완전하다고 해도 화재나 지진과 같이 생

각하지 못한 사고가 일어날 수 있기 때문에 돈을 관리하는 은행이나 온라인 게임을 운영

하는 회사처럼 방대한 데이터가 보관된 서버(sever)를 운영하는 회사에서는 데이터를

↳ 컴퓨터 네트워크에서 다른 컴퓨터에 서비스를 제공하기 위한 컴퓨터 또는 소프트웨어

↳ 예상하지 못한 장애를 대비해서 데이터베이스 원본을 미리 복사해 두는 것

백업(back-up)해 두는 것도 매우 중요한 업무이다. 백업의 중요성은 데이터를 잃어버린

경험이 있다면 모두 공감할 것이다.

 데이터베이스, 시스템 소프트웨어, 응용 소프트웨어

- **데이터베이스**: 데이터를 효율적으로 사용하기 위해 자료의 중복을 최소화하여 저장한 통합
  자료
- **시스템 소프트웨어**: 응용 소프트웨어를 실행할 수 있게 하는 프로그램으로, 윈도나 macOS
  등과 같은 운영 체제를 의미
- **응용 소프트웨어**: 애플리케이션이라고도 하며, 워드 프로세서나 동영상 플레이어 등과 같
  이 어떤 작업에 쓰기 위해 만든 프로그램

2. 데이터베이스 개발자가 하는 일

데이터베이스 개발자는 데이터베이스를 좀 더 효
율적이고 안전하게 만들기 위해 고민하는 전문가로서
무엇보다 시스템을 운영하는 데 있어 오류가 없고 안
전하게 만드는 것이 중요하다. 이를 위해 방대한 데이
터를 업무에 알맞게 설계하고 데이터베이스를 관리하
면서 업그레이드와 백업 등의 일을 한다.

우리가 도서관에서 자신이 대출한 책 목록과 반납일을 확인하고, 온라인 게임에 접
속해 게임을 하고, 인터넷 뱅킹으로 각종 거래를 할 수 있는 것도 데이터베이스가 관리
되고 있어서 가능한 일이다.

 데이터베이스 개발자와 관련 있는 직업

데이터베이스 개발자와 관련 있는 직업에는 윈도와 같은 컴퓨터 시스템 운영체제를 개발하는 시
스템 소프트웨어 개발자, 동영상 플레이어나 파워포인트와 같은 프로그램을 개발하는 응용 소프트
웨어 개발자, 사용자 입장에서 소프트웨어의 문제점을 찾아내는 테스트 엔지니어, 수많은 데이터
속에서 의미를 찾아내 새로운 가치를 만드는 빅데이터 전문가, 데이터 통신 시스템을 운영 및 관리
하고, 상태를 감시하는 네트워크 관리자 등이 있다.

전체적인 데이터베이스 시스템의
구조를 분석한다.

데이터베이스 시스템에 문제가 생기면
원인을 파악하여 최대한 빨리 복구한다.

저장 공간, 접근 방법 등 데이터베
이스의 논리적 · 물리적 구조를 분
석 및 설계한다.

해킹에 대비하기 위해 데이터
베이스 보안을 계획하고, 시
스템을 감시한다.

중복 데이터를 최소화하여 데이터
베이스를 구축하고, 테스트한다.

데이터베이스 장애에 대비하
기 위해 주기적으로 데이터를
백업한다.

데이터베이스 사용자와 데이터 접근 범
위, 권한 등을 관리 및 관찰(모니터링)하
고, 데이터베이스 용량을 관리한다.

데이터베이스 시스템 향상을 위해
업그레이드를 계획 및 실현한다.

데이터베이스 개발자

모든 것이 데이터화되어 소통하는 세상에서 데이터베이스는 없어서는 안 될 중요한 요소이기 때문에 데이터베이스 개발자가 느끼는 자부심과 책임감이 크다. 무엇보다 자신이 개발한 시스템으로 인해 많은 사람들이 혜택을 받을 때 보람과 성취감을 느낀다. 반면 금융, 항공기, 철도와 같은 시스템처럼 절대로 중단되어서는 안 되는 중요한 시스템을 미션 크리티컬(mission critical)이라 하는데, 이런 데이터베이스 시스템을 개발 · 운영해야 하는 경우 정신적 · 육체적으로 많은 스트레스를 받기도 한다.

그것이 알고싶다 프로그래머와 개발자, 어떻게 다른가요?

프로그래머는 컴퓨터 프로그램을 만들기 위해 각종 프로그래밍 언어로 소스 코드(source code)를 작성하는 사람이다. 프로그램을 '집'이라고 하면 소스 코드는 '설계도'라 할 수 있다.
개발자는 컴퓨터 프로그램을 만드는 데 필요한 프로그래밍 언어 뿐만 아니라 관련된 여러 기술을 알고 있어서 전체를 조율 · 조정하는 업무가 가능한 사람으로, 프로젝트의 책임자가 되어 프로그래머를 관리하는 경우가 많다.

3. 데이터베이스 개발자에게 필요한 능력

데이터베이스 개발자는 컴퓨터를 다루는 것에 흥미를 가진 사람에게 좋다. 기본적으로 컴퓨터 하드웨어와 소프트웨어에 대한 이해가 있어야 하고 데이터를 분석하여 새롭게 데이터베이스를 만들기 위해 창의적이고 분석적인 마인드가 필요하다. 실수가 곧 서비스 중단이기 때문에 꼼꼼하고 철저한 성격이 요구되며, 사용자가 원하는 사항을 정확하게 파악하는 의사소통 능력도 중요하다. 요구사항을 잘못 파악할 경우 시스템 작업을 다시 해야 하는 문제가 생길 수 있기 때문이다.

무엇보다 개발하면서 중요하거나 다른 사람이 알면 안되는 민감한 정보를 다루기 때문에 정보 보안과 관련하여 직업윤리 의식이 철저해야 하고 시스템에 문제가 생기면 끝까지 해결하려고 하는 책임감도 요구된다.

4. 데이터베이스 개발자와 관련된 학과 및 자격증

- **관련 학과:** 컴퓨터공학과, 컴퓨터정보과, 컴퓨터소프트웨어과, 정보처리학과, 전자계산과, 전산공학과, 통계학과, 수학과 등
- **관련 국내 자격:** 정보처리기능사 · 산업기사 · 기사, 정보관리기술사, 컴퓨터시스템응용기술사, 전자계산기조직응용기사 등
- **관련 해외 자격:** OCP–DBA(오라클사), MCDBA(마이크로소프트사), DB2(IBM사) 등

5. 데이터베이스 개발자의 직업 전망

"나는 접속한다. 고로 존재한다."라는 말처럼 우리는 매일 스마트폰이나 컴퓨터로 인터넷과 클라우드에 접속해 수많은 정보를 주고받는 데이터의 시대에 살고 있다. 더욱이 대부분의 사물이 인터넷에 연결되는 사물 인터넷(IoT) 시대가 본격적으로 시작되면 데이터 홍수를 지나 데이터 폭발의 시대가 될 전망이다. 데이터의 양이 폭발적으로 증가하면서 이를 관리하고 운영하는 데이터베이스 수요도 늘어나고 수많은 데이터에서 정보를 분석하여 가치를 만들어내는 빅데이터 시장도 커지고 있다.

데이터베이스 산업의 환경도 컴퓨터에서 모바일 중심으로 급격히 바뀌고, 기존의 데이터 구축에서 빅데이터와 같이 데이터 활용으로 변화하면서 데이터베이스 분석과 관련한 수요가 늘어날 것이다. 데이터베이스가 바탕이 되는 인공지능 기술과 블록체인(blockchain) 기술도 일상생활로 빠르게 퍼져 나가고 있기 때문에 데이터베이스 관련 산업은 끊임없이 변화하면서 계속 성장할 전망이다. 데이터베이스와 관련한 산업을 종합적으로 봤을 때 데이터베이스 개발자의 수요는 현재 상태보다 다소 증가할 것으로 예상된다.

 블록체인 기술

데이터를 나눠서 처리하는 기술 중 하나이다. 거래 정보를 블록(block)이라 한다면, 이를 체인(chain)처럼 연결한 거래 장부를 말하며, '공공 거래장부', '분산 거래장부'라고도 한다.

데이터베이스 개발자

데이터베이스 개발자가 되기 위해서는 공학수학과 컴퓨터에 대한 이해를 위해 대학에서 컴퓨터공학과, 컴퓨터소프트웨어과와 같은 컴퓨터 관련 학과나 수학 관련 학과를 전공하는 것이 유리하다. 대학에서 컴퓨터 시스템과 데이터베이스, 데이터베이스 운영과 관련한 하드웨어, 프로그래밍 교육을 통해 데이터베이스에 대한 지식을 쌓은 후 보통 데이터베이스 관련 제작 · 유통업체나 대기업의 전산실에

취업해 데이터베이스 개발, 설계, 관리 등의 업무를 한다. 현장에서는 실무 경험이 있는 경력자를 우대하는 편이고 세계적으로 오라클사의 데이터베이스 관리 시스템을 많이 쓰고 있어서 오라클사의 자격증을 따면 도움이 된다. 경력과 실력을 갖추면 업무와 기술 이해를 바탕으로 시스템을 판매하는 기술 영업이나 데이터베이스 관련 컨설팅을 하는 IT 컨설턴트, 시스템이 작동을 하지 않을 때 그 원인을 찾아내고 해결 방법까지 제시하는 IT 감리도 할 수 있다.

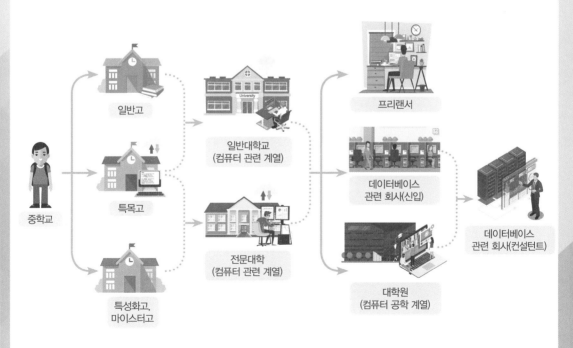

◎ 데이터베이스 개발자의 커리어 패스

대학교 관련 학과 컴퓨터공학과

학과 소개

컴퓨터공학과는 컴퓨터 하드웨어와
소프트웨어, 네트워크, 프로그래밍 언어,
암호 및 보안 등 컴퓨터와 관련한 전문 이론과
설계 방법을 배우고 이를 바탕으로 실습을 통해
적용하고 연구하는 학과이다.
모든 산업 분야에서 필수 도구로 쓰이는 컴퓨터를
활용하여 다양한 문제를 효과적으로 해결하고
미래 가치를 새롭게 만들 수 있는 능력을
가진 컴퓨터 전문가를 양성한다.

진출 직업

컴퓨터 하드웨어 기술자, 컴퓨터 시스템
설계분석가, 컴퓨터 시스템 감리전문가,
시스템 엔지니어, 시스템 소프트웨어 개발자, 응용
소프트웨어 개발자, 가상현실 전문가, 정보시스템
운영자, 웹 엔지니어, 웹 프로그래머, 네트워크
프로그래머, 컴퓨터보안 전문가, 데이터베이스 개발자,
네트워크 관리자, 정보통신 컨설턴트, 기술지원
전문가, 정보통신 정책연구원, 공학계열
교수, 교사, 변리사, 사이버 수사요원,
테크니컬 라이터 등

적성 및 흥미

컴퓨터 분야에 관심이 있으면서
컴퓨터를 활용하는 능력이 있으면 좋다.
컴퓨터를 이용해 문제를 해결하는 과정에서
논리적·창의적인 사고력이 요구되며, 공동으로
하는 작업이 많아 다른 사람과 협력하여 원활하게
소통할 수 있는 의사소통 능력도 필요하다.
컴퓨터 분야는 발전 속도가 빨라 새로운 것에
대한 호기심과 탐구 정신을 가지고
있으면 도움이 된다.

관련 학과

컴퓨터공학과, 컴퓨터응용공학과,
응용컴퓨터공학과, 디지털콘텐츠전공,
멀티미디어공학과, 컴퓨터정보공학과,
컴퓨터시스템공학과, 컴퓨터융합공학과,
컴퓨터정보통신공학과,
컴퓨터정보통신학과,
컴퓨터정보통신공학부 등

★자격 및 면허★

★국내 자격★

정보처리산업기사 · 기사, 전자기사, 전자계산기기사,
전자계산기조직응용기사, 디지털제어산업기사,
리눅스마스터, 네트워크관리사 등

★해외 자격★

프로그래밍 관련 자격증(OCJP, OCWCD, OCBCD),
네트워크 관련 자격증(CCDA, CCDP, CCNP, CCNA,
CCIE), 데이터베이스 관련 자격증(OCA, OCP, OCM),
시스템 관련 자격증(LPIC, RHCE, MCITP) 등

★진출 분야★

★기업체★

컴퓨터 시스템 업체, 컴퓨터 개발업체,
정보통신 업체, 게임 개발업체, 보안 관련 업체,
소프트웨어 개발업체, 모바일 프로그래밍 업체, 웹
프로그래밍 업체, 금융기관, 언론 기관의 컴퓨터 관련직 등

★연구소★

공공 연구기관(전자부품연구원, 한국전자통신연구소,
국방과학연구소, 정보통신정책연구원 등) 민간 연구소 등

★정부 및 공공기관

한국콘텐츠진흥원, 한국소프트웨어진흥원, 기술직
공무원 등

★학계 · 교육계★

중 · 고등학교, 대학 등

★동아리 활동★

컴퓨터 관련 동아리 활동을 통해 전공 관련 지식을 늘리고 협업과 같은 경험을 쌓는 것이 좋다.

★봉사 활동★

사회 복지 시설에서 컴퓨터의 기본 교육이나 활용과 같은 봉사 활동을 지속적으로 하는 것을 권장한다.

★독서 활동★

컴퓨터와 IT 분야의 독서를 통해 컴퓨터와 관련한 지식을 쌓고 인문 분야 독서로 지혜의 폭을 넓히는 것이 좋다.

★교과 공부★

수학, 영어, 정보 교과의 실력 향상에 힘쓰고 수업 때 적극적으로 참여하여 문제 해결 능력을 기르도록 한다.

★교외 활동★

컴퓨터 전공과 관련한 직업 체험과 대학에서 진행하는 전공 관련 진로 프로그램에 참여하는 것을 권장한다.

※ 수학, 정보 교과 수상 경력이나 컴퓨터 관련 교내 대회 등의 수상 실적이 도움이 된다.

19 치과기공사

관련 학과
치기공학과
160쪽

1. 치과기공사의 세계

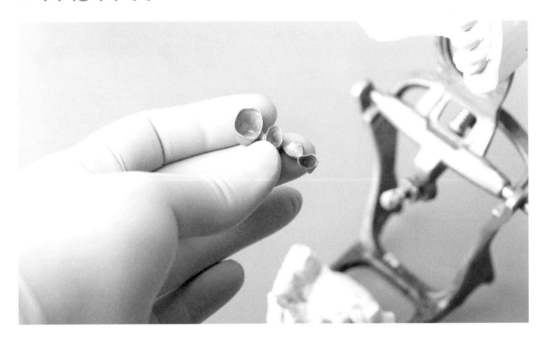

지난 2015년 미국의 시사주간지 〈타임(TIME)〉에서는 그해 태어난 아기가 142세까지 살 수 있을 것이라고 전망하였다. 어떤 학자는 150세까지도 가능하다고 주장한다. 세계적인 기업인 구글(Google)에서는 노화의 비밀을 알아내 인간의 수명을 500세까지 늘리는 연구 프로젝트를 진행하고 있다. 앞으로 우리의 기대수명이 최소한 100세 이상으로 늘어날 수 있는 것이다.

100세 시대가 축복일지 재앙일지 기대와 우려가 교차하고 있는 상황에서 무엇보다 '건강하게 오래 사는 것'에 대한 관심이 높아지고 있다. 그 중에서도 오복(五福) 중 하나라고 불리는 치아 건강의 중요성은 밤새 견디기 힘든 치통을 경험해 보았다면 쉽게 공감할 것이다. 또한 치아가 적고 씹는 힘이 약할수록 치매와 같은 퇴행성 뇌 질환이 더 생기는 것으로 나타났으며, 잇몸이 안 좋으면 뇌졸중이나 동맥경화가 생길 수 있다.

치아 건강의 중요성은 알고 있지만 과거에 비해 단 음식과 음료가 많아지고 과자나 인스턴트 식품을 많이 먹게 되면서 충치와 잇몸 치료를 받는 사람이 급격히 늘고 있다. 최근 관련 진료비 통계지표(건강보험심사평가원, 2017)를 보면 치료를 많이 받은 6대 질환 중에 2개가 치과 질환이다. 늘어나는 인간의 수명과 다르게 치아 수명은 점점 짧아지고 있는 것이다.

짧아지는 치아 수명을 늘리고 보완하기 위해 필요한 ^{↗ 치아를 대신하는 인공 장치} 치아보철물을 만들고 수리하는 전문가는 치과의사가 아니라 치과기공사이다. '약은 약사에게, 진료는 의사에게'라는 말처럼 치아는 치과의사가, 치아보철물은 치과기공사가 전문적으로 다룬다.

그것이 알고싶다 의료인과 의료기사는 어떻게 다를까?

치과기공사는 '의료인'이 아니고 '의료기사'다. 의료인에는 의사, 치과의사, 한의사, 조산사, 간호사가 있고, 의료기사에는 임상병리사, 방사선사, 물리치료사, 작업치료사, 치과기공사, 치과위생사가 있다. 진료나 시술과 같은 의료행위를 할 수 있는 의료인과 다르게 의료기사는 의사나 치과의사의 지도 아래 진료나 의화학적 검사를 할 수 있다. 따라서 치과기공사는 치과의사의 의뢰를 받아 치아보철물을 만들거나 수리 · 가공한다. 치과기공사는 의료기사 중 유일하게 자신의 사업체를 운영할 수 있어서 치과기공소를 직접 차리는 경우도 많다.

2. 치과기공사가 하는 일

치과기공사는 치과의사의 의뢰에 따라 입안의 ^{↗ 음식을 입에 넣고 씹는 기능} 저작 기능과 외관, 발음을 개선하기 위해 치과기공물을 만들거나 수리 · 가공하는 일을 한다. 치과기공사가 다루는 보철물에는 크게 인레이(inlay), 크라운(crown), 브리지(bridge), 부분 틀니, 전체 틀니, 임플란트(implant), 포셀린(porcelain) 등이 있다.

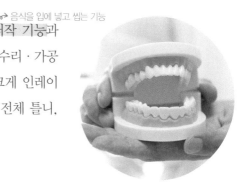

Tip⁺ 치과 치료 관련 용어

- **인레이(inlay)**: 충치로 인하여 삭제한 부분을 금이나 세라믹 등으로 채우는 치료
- **크라운(crown)**: 손상된 치아를 금이나 세라믹 등으로 완전히 덮어씌우는 치료
- **브리지(bridge)**: 빠진 치아의 주변 치아에 크라운을 씌우면서 빠진 부위에 인공 치아를 넣는 치료
- **임플란트(implant)**: 치아가 빠진 자리에 인공 치아를 턱뼈에 심는 치료
- **포셀린(porcelain)**: 사기로 된 틀니를 넣는 치료

치과기공물 제작의뢰서를 보고 치과기공 보철물의 종류와 사용하는 재료, 설계, 기한 등을 확인한다.

초음파 세척기나 증기 세척기를 사용하여 인공치아를 세척한다.

치과 진료실에서 뜬 고무 본(모형)을 가지고 석고 모형을 뜬다.

구강 모형을 붙여 씹는 운동을 보여줄 수 있는 기구
완성한 인공치아를 교합기를 사용하여 아랫니와 윗니가 제대로 결합하는지 검사한다.

도구와 재료를 이용하여 인레이, 크라운, 브리지, 교정장치 등을 만든다.

진료에 필요한 작업 모형, 보철물, 임플란트, 충전물, 교정 장치 등 치과기공물을 만들고 수리하는 데 사용하는 도구, 장비, 재료 등을 관리한다.

치과기공사

치과기공사는 환자가 자신이 만든 보철물을 끼우고 만족해 할 때, 빠진 치아 때문에 식사를 제대로 하지 못하고 미관상으로도 보기 안 좋아 우울증까지 걸렸던 환자가 보철물을 끼우고 나서 몸과 마음의 건강을 되찾아 당당하게 사회생활을 하는 모습 등을 보면 보람과 의미를 느끼게 된다.

치과기공사의 업무 환경은 점차 좋아지고 있으며, 사용하는 기계도 발전해서 예전보다 작업하기가 편해졌다. 하지만 작업 공간이 좁거나, 모형을 만들거나 다듬는 과정에서 화상 등의 상처를 입을 수도 있어서 주의해야 한다. 또한 니켈, 크롬, 베릴륨 등 유해물질에 노출되는 경우가 있고, 심하면 직업성 천식이나 과민성 폐렴 등에 걸릴 수도 있어서 작업할 때는 마스크를 꼭 써야 한다.

 치과기공사와 관련 있는 직업

치과기공사와 같은 의료기사에는 치아 및 입 안 질환의 예방과 위생에 관한 일을 하는 치과위생사, 혈액, 소변, 조직 등을 분석하여 건강 상태를 확인하고 질병을 진단·치료하는 데 도움을 주는 임상병리사, 방사선을 이용한 검사 및 치료를 하는 방사선사, 수술이나 약물이 아닌 전기, 운동요법 등의 물리치료를 통해 신체교정 운동이나 재활훈련을 하는 물리치료사, 신체적·정신적·사회적으로 장애가 있는 사람에게 스스로 일상생활을 할 수 있도록 활동을 통해 치료를 하는 작업치료사가 있다.

이 밖에 치과기공사와 같이 의료와 관련 있는 직업에는 진료에 사용하는 의료장비를 설치하고 유지·관리하는 의료장비기사, 재활보조기구를 만들고 부착·수리하는 의지보조기기사, 간호와 진료 보조업무를 하는 간호조무사, 의사의 진료를 돕고 환자를 보살피는 간호사 등이 있다.

치아보철물에 금을 많이 사용하는 이유는 무엇일까?

금은 기능적으로 여러 장점이 있으면서 치아와 가장 비슷한 재료이기 때문에 치아보철물로 많이 사용된다. 금은 독성과 알레르기 반응이 없어 인체에 친화적인 금속이며, 입 안에서 부식되지 않아 안정적이다. 강도는 높지만 치아와 비슷하여 오랫동안 사용해도 반대편의 치아에 무리가 가지 않고 연성도 좋아서 잘 깨지지 않는다. 더욱이 일반 금속에 비해서 가공하기도 쉬운 장점이 있다. 다만 치아의 색상과 많이 다르기 때문에 '지르코니아'를 선택하는 경우도 많다. 지르코니아는 인공 다이아몬드로서 강도가 세고 인공관절로 쓰일 정도로 생체친화적이고, 색상도 치아와 거의 똑같다는 장점이 있지만 가격이 비싸다는 단점이 있다.

3. 치과기공사에게 필요한 능력

치과기공사는 양초를 사용해서 인공치아 모형을 직접 손으로 만들거나 석고 모형 및 보철물을 다듬는 일이 많다. 따라서 손으로 만드는 것에 흥미가 있고, 관찰력이 좋으며, 섬세한 미적 감각이 있으면 도움이 많이 된다. 치아의 신경은 예민하여 치아보철물이 조금이라도 크기가 맞지 않으면 불편함을 느낄 수 있기 때문에 정밀하게 집중하여 작업하는 것이 중요하다. 긴 시간동안 작업하는 경우가 있어서 끈기 있는 자세가 필요하고, CAD와 3D 프린팅을 이용하는 경우가 늘고 있어서 이를 활용하는 능력도 요구된다.

 치과위생사와 간호조무사의 차이

치과위생사와 간호조무사 모두 치과의사의 진료를 보조하지만 업무 범위에서는 차이점이 있다. 치과위생사는 치석 등 침착물 제거, 불소 도포, 임시 충전, 임시 부착물 장착 및 부착물 제거, 치아 본뜨기, 교정용 와이어 장착 및 제거, 엑스레이 촬영을 할 수 있으나 간호조무사는 할 수 없다. 반면 간호조무사는 치과 수술 시 수술보조 행위, 주사 행위, 체온 및 혈압 측정 등이 가능하나 치과위생사는 불가능하다.

4. 치과기공사와 관련된 학과 및 자격증

- **관련 학과:** 치기공과(3년제), 치기공학과(4년제)
- **관련 자격:** 치과기공사(면허)

5. 치과기공사의 직업 전망

기대수명이 연장되고 생활수준이 나아지면서 구강 건강에 대한 관심이 높아지고 있다. 또한 노인 틀니와 임플란트에 대해 건강보험이 적용되고, 대상 연령도 70세에서 65세로 낮아지면서 틀니와 임플란트의 수요가 증가하고 있다. 외모에 대한 관심도 높아져 모든 연령대에서 치아교정 환자가 증가하면서 교정 장치에 대한 수요도 늘고 있다. 뿐만 아니라 치과 질환 관련 환자도 계속 증가하고 있어서 치과기공물을 다루는 치과기공사에 대한 수요가 늘고 있다.

하지만 한편에서는 3D 프린터를 치과기공에 사용하면서 수작업으로 하던 본뜨기와 모형·주형 제작이 3D 스캐너와 프린터로 디지털화되어 인력이 반으로 줄고 있다. 전반적으로 치과기공사의 수요는 당분간 다소 증가할 것으로 전망되나 3D 프린터의 발전으로 10년 안에 일자리가 줄어들 것으로 예상된다.

 3D 프린터와 치아

치과 치료에 3D 프린터를 이용하면서 교정과 치아보철물 관련 기술에 큰 변화가 나타나고 있다. 교정의 경우 보통 2~3년이 걸리고 비용이 많이 들었으나, 3D 프린터를 활용하면 6~12개월 정도로 기간을 줄이고 비용도 저렴해졌다. 심지어 2016년 미국 뉴저지공과대학교에서 디지털 디자인을 전공하고 있는 더들리 씨는 60달러(약 7만 원)가 채 되지 않는 비용으로 투명 교정기를 제작해 약 16주 만에 비뚤어진 앞니 몇 개를 나란하게 만드는 데 성공하기도 하였다.

치아보철물의 경우 기존에는 본을 뜨고 모형을 만들어서 보철물을 완성해 치아에 끼우는 데 1주일 정도 걸렸다. 하지만 3D 스캐너로 스캔 후 3D 프린터를 사용하면 진료 당일에 보철물을 끼울 수 있다. 이와 함께 3D 프린터로 항균 플라스틱 인공치아를 만드는 기술도 나왔다. 이 치아는 충치에 생기는 박테리아를 죽일 수 있어서 충치가 거의 생기지 않는 특징이 있다.

치과기공사

치과기공사가 되기 위해서는 치과의사나 방사선사처럼 국가에서 발급하는 면허증이 있어야 한다. 3년제 전문대학의 치기공과나 4년제 일반대학의 치기공학과를 졸업하면 치과기공사 국가시험을 볼 수 있는 자격이 되고, 시험에 합격하면 치과기공사 면허를 발급받아 치과기공사로 활동할 수 있다. 대학에서는 치아 형태나 치과 재료, 구강 해부, 보철 제작, 3D프린터 활동 등에 관한 이론과 실습을 배우게 된다.

면허 취득 후에는 대부분 치과기공소나 종합병원, 대학병원, 일반 병·의원의 치과기공실에 취업한다. 이 밖에 치과 재료 및 치과 기기 제조업체나 해외의 치과기공소로도 진출하며, 경력을 쌓으면서 전문성을 키워 치과기공소를 개업하기도 한다.

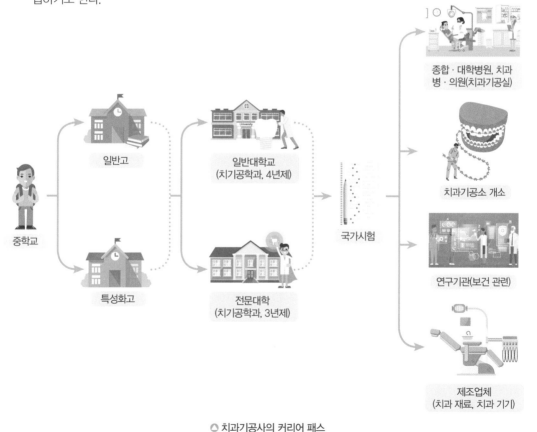

중학교 → 일반고 / 특성화고 → 일반대학교(치기공학과, 4년제) / 전문대학(치기공학과, 3년제) → 국가시험 → 종합·대학병원, 치과 병·의원(치과기공실) / 치과기공소 개소 / 연구기관(보건 관련) / 제조업체(치과 재료, 치과 기기)

○ 치과기공사의 커리어 패스

치기공학과

학과 소개

치기공학은 치아와 주변
조직이 제 기능을 할 수 있도록
구강보철물, 교정 장치 등의 치과기공물을
만들고, 치과용 재료와 기기를 연구 개발하는
학문이다.
치기공학과에서는 치아형태학, 구강해부학,
치과재료학을 바탕으로 치기공학,
치과교정기공학, 3D 프린팅을 위한 모델링에
관한 이론과 실습을 배워 치과기공물을
제작하는 치과기공사를
양성한다.

진출 직업

치과기공사, 보건직
공무원, 의무부사관,
군무원(치무), 치과재료
판매자, 건강보험
심사원 등

적성 및 흥미

손을 사용하여 만들고 다듬는
일이 많기 때문에 만드는 것에 흥미가
있고 미적 감각이 있는 학생이면 좋다.
치아기공물은 정밀한 작업을 요구하기
때문에 섬세함과 꼼꼼함이 필요하며, 오랜
시간 앉아서 작업하기 때문에 끈기
있는 자세와 집중력이 요구된다.

자격 및 면허

치과기공사(면허),
전산응용기계제도기능사,
3D프린팅마스터
(3D프린팅산업협회)

★동아리 활동★

의료 관련 동아리 활동을 통해 전공 관련 지식을 늘리고 체험 활동을 하면서 다양한 경험을 쌓는 것을 추천한다.

★봉사 활동★

의료 기관이나 보건소 같은 곳에서 6개월 이상 지속적인 봉사활동을 하는 것을 권장한다.

진출 분야

★기업체★
치과기공소, 종합병원, 대학병원, 일반 치과 병·의원, 재활병원 등의 치과기공실, 의료기기 개발·제조 및 판매업체, 치과재료업체, 치과기자재업체 등

★연구소★
신소재 개발 연구소, 의료기기 관련 연구소 등

★정부 및 공공기관★
보건 관련 공공기관, 군대 등

★학계·교육계★
대학 등

★독서 활동★

의학, 공학 분야의 책을 통해 전공 관련 지식을 쌓고, 친구들과 책의 내용을 나누면서 생각을 정리하는 활동을 해보기를 추천한다.

★교과 공부★

전공에 직접적인 도움이 되는 과학, 화학, 생물, 물리, 영어 교과 역량을 키우는 데 힘쓰고, 수업시간에 적극적으로 참여하여 의사소통 능력을 기르도록 한다.

관련 학과

치기공학과

★교외 활동★

전공과 관련한 진로체험을 경험해 보고 대학에서 진행하는 전공 관련 진로 프로그램에 참여하는 것을 권장한다.

※ 과학, 영어 교과 수상 실적이나 선행상과 같은 인성과 관련한 수상 경력도 도움이 된다.

20 조선공학 기술자

관련 학과
조선해양
공학과
168쪽

1. 조선공학 기술자의 세계

　지금 입고 있는 옷은 어느 나라에서 만들었을까? 요즈음 우리가 쓰고 있는 물건이나 옷 등에서 'Made in Korea'를 찾기는 쉽지 않다. 국내보다는 중국이나 베트남 등 해외에서 생산된 물건들이 많아졌는데, 예전에 어느 방송에서 '메이드 인 차이나 없이 살아보기'라는 재미있는 실험을 했었다. 실험 주제는 한국, 미국, 일본 세 나라의 평범한 가정에서 한 달간 중국 제품 없이 살아보는 것이었는데, 그 모습은 매우 힘들고 눈물겨워 보이기까지 했다. 만약 여기에 '수입품 없이 살아보기'를 한다면 정상적인 생활이 불가능할 것이다.

　이렇듯 우리 생활에서 일상적으로 쓰이는 수입품은 세계 각지에서 어떤 운송 수단을 거쳐 우리나라로 들어오는 것일까? 세계적으로 보면 무역의 90% 이상을, 우리나라는 전체 수출입 화물의 99.7%를 배를 이용하여 운송하고 있다. 더욱이 '삶의 에너지'라 할 수 있는 석유와 철광석 같은 원자재는 100% 선박으로 운반하고 있기 때문에 무역에 있어서 선박은 없어서는 안 될 중요한 운송 수단이다.

선박을 만들고 수리하는 조선업은 우리나라에서 반도체, 자동차 등과 함께 매년 수출 품목 10위 안에 들어갈 정도로 국가 경제에 큰 영향을 끼치는 중요한 산업이다. 또한 자동차 한 대에 2~3만 개 정도의 부품이 들어가는 데 비해 선박은 수십만 개의 부품이 필요하고, 이와 관련하여 부품 제조사도 필요하기 때문에 국가 산업 발전에 미치는 영향이 큰 기간산업이다.

2017년 우리나라에서 만든 세계 최대 규모의 선박인 '프렐류드 FLNG'는 길이 488m, 폭 74m, 높이 110m에 달한다. 이는 축구장 5개 정도를 합한 크기이고, 저장 탱크 용량은 올림픽 규격 수영장 175개와 비슷한 규모이다. 이렇게 큰 구조물이 물에 뜰 수 있도록 연구·설계하는 전문가인 조선공학 기술자야말로 '바다의 건축가'라고 할 수 있다.

2. 조선공학 기술자가 하는 일

조선공학 기술자는 선박의 기능 향상과 효율적인 생산을 위해 연구·설계·자문하고, 생산 및 수리 과정을 계획·감독한다. 선박의 설계는 보통 개념설계, 기본설계, 상세설계, 생산설계 순서로 진행된다. 이 중에서 기본설계는 구체적인 설계가 이루어지는 단계로서 선박의 구조와 틀을 설계하는 선체설계와 설비 장치를 설계하는 의장설계로 나누어진다.

기존의 선박을 개선하고, 생산과정을 자동화·효율화하기 위한 기술을 개발·자문한다.

조선공학 기술을 적용하여 선박을 설계하고 도면을 작성한다.

설계 변경 여부를 결정하고 설계 계획안을 검토·자문한다.

선박 생산 과정을 계획하고 작업을 지휘·감독한다.

선박이 설계도면 및 규정에 적합하게 만들어졌는지 검사하고, 이상이 발견되면 시정을 지시·감독한다.

선박이 완성되면 엔진과 각종 장비의 성능과 안전성 등을 시험·평가한다.

조선공학 기술자

선박의 안전을 위해 선체 각 부분의 시험 성적서를 작성하고, 수리 여부를 결정한다.

조선공학 기술자는 힘들게 만든 선박이 시운전을 마치고 기적을 울리면서 떠날 때, 선박이 전 세계를 다니며 원유나 수출품을 나르는 중요한 역할을 하고 있을 때 큰 보람을 느낀다고 한다.

선박은 규모가 크고 배를 구입하는 선주들의 주문사항이 각각 다르기 때문에 일반 제품처럼 먼저 만들어서 판매하는 것이 어렵다. 그래서 대부분 주문을 받아 생산하는 수주 계약을 한다. 조선공학 기술자는 이런 계약과 관련한 출장을 가서 낮에는 선주를 만나 요구사항을 듣고, 밤에는 보고서와 사양서를 만들다보면 며칠 밤을 새기도 한다. 또한 선박 설계를 하다보면 다양한 분야의 전문가와 같이 일하게 되는데, 큰 선박의 경우 300명 이상이 같이 일을 하기도 한다. 이렇게 많은 사람과 일을 하다보면 회의도 많아지고 늦게까지 일을 하는 경우가 있어 업무적 스트레스가 있는 편이다. 이 밖에 조선소는 규모가 큰 선박을 만들어 바다에 띄워야 하는 특성상 부산, 울산, 경상남도 등의 해안에 위치하기 때문에 특정 지역에 거주해야 하는 애로 사항이 있다.

 배를 만드는 과정

배는 세부적으로 여러 단계를 거쳐 만들어지는데, 이를 크게 나누면 설계, 가공, 조립, 의장, 탑재, 진수, 시험 운전의 과정으로 나눌 수 있다.
① 설계: 계획한 것을 컴퓨터를 이용하여 도면으로 작성한다.
② 가공: 강재(철판)를 도면에 맞게 자른다.
③ 조립: 가공한 강재를 용접을 통해 조립하여 블록을 만든다.
④ 의장: 블록에 파이프, 배선 등의 기초 배관 작업을 한다.
⑤ 탑재: 완성한 여러 블록을 독(dock)으로 옮겨 연결한다. ↳ 배를 만들거나 수리하는 공장과 같은 시설물
⑥ 진수: 독에 물을 채워 완성한 배를 바다로 띄운다.
⑦ 시험 운전: 바다에서 배를 운전하면서 최종적으로 성능을 확인한다.

 조선공학 기술자와 관련 있는 직업

선체설계 기술자는 기본적인 선박의 형태와 선체 구조 도면을 만드는 일을 하고, 선실설계 기술자는 선원이 생활하는 거주공간의 인테리어와 설비를 설계하는 일을 한다. 조선기장설계 기술자는 엔진이 있는 기관실의 배관, 문, 사다리와 같은 철물 구조물인 철 의장을 설계한다. 조선의장설계 기술자는 선박의 철 구조물과 배관, 각종 장비를 설계한다. 조선배관설계 기술자는 선박의 각종 배관이나 펌프, 밸브 등을 설계한다. 조선유닛설계 기술자는 선박에 들어가는 각종 장비를 개별이 아닌 하나의 단위로 묶어 구성한 패키지 유닛을 설계한다.

3. 조선공학 기술자에게 필요한 능력

조선공학 기술자는 기계를 다루는 것을 좋아하고, 선박과 해양에 흥미가 있어야 한다. 선박과 관련한 자료가 대부분 영어로 되어 있어서 기본적으로 어학 능력이 필요하며, 선주의 요구사항을 파악하고 의견을 조율하는 업무를 하는 경우 외국어로 관련 대화가 가능할 수 있는 회화능력이 요구된다.

선박은 여러 분야가 유기적으로 연결되어 있기 때문에 선박 설계를 하기 위해서는 다양한 분야의 지식이 필요하다. 또한 선박의 급수와 국가에 따라 규정이 달라 관련 규정에 대한 전문적인 지식이 요구되고 이를 꼼꼼하게 살펴보는 것이 중요하다.

새로운 선박 기술을 연구 개발하기 위해서는 창의적인 생각과 함께 새로운 것을 시도하는 데 주저하지 않고 끊임없이 도전하는 정신과 끈기가 요구된다. 선박을 만들다보면 여러 문제를 마주하게 되는데, 분석적이고 논리적인 사고가 문제를 해결하는 데 도움이 된다. 선박은 규모가 크고 복잡하여 다양한 분야의 수많은 전문가가 모여 일을 하기 때문에 의사소통 능력과 함께 원만한 대인관계를 유지하는 것도 중요하다.

4. 조선공학 기술자와 관련된 학과 및 자격증

- **관련 학과:** 조선해양공학과, 조선해양공학부, 선박해양공학과, 조선해양시스템공학과, 조선해양플랜트공학과, 기계조선융합공학과, 산업조선해양공학부, 해양기술학부, 기계공학과 등
- **관련 자격:** 조선산업기사 · 기사, 조선기술사 등

그것이 알고싶다 조선공학과 해양공학은 어떻게 다를까?

해양공학은 바다와 관련한 모든 것을 연구하고, 조선공학은 주로 배를 만드는 것을 연구하는 학문이다. 따라서 학교에서 배우는 과학 교과에 물리학, 화학, 생명과학 등이 있듯이 해양공학 안에 조선공학, 토목공학, 화학공학 등 해양과 관련한 공학이 모두 들어가 있다고 보면 된다.

세부적으로 조선공학은 배를 효율적 · 경제적으로 설계 및 시공하기 위하여 기초과학을 바탕으로 여러 공학 기술을 연구한다. 해양공학은 해양플랜트*와 같은 해양구조물 설계, 해양자원 및 해양에너지 개발, 해양환경의 보전 등의 기술을 연구한다. 참고로 대학에서 조선공학을 연구하는 조선공학과가 1980~1990년대에 대부분 조선해양공학과로 변경되었다.

*석유, 가스 등 해양 자원을 발굴하고 생산하기 위한 시설

5. 조선공학 기술자의 직업 전망

조선업은 국제 경제와 밀접한 경기 산업으로 수축기와 회복기가 되풀이되는 산업이다. 국제 경제가 회복하면 해상 물동량이 늘어나 선박 수요가 증가하기 때문이다. 얼마 전까지 최악의 수준이었던 세계 선박 경기는 현재 회복 중이다. 전문가들은 앞으로

경기가 완만하게 회복하다 2020년 이후에는 크게 나아질 것으로 보고 있다.

하지만 세계적으로 조선업체들이 증가하고 있고 무엇보다 국가의 지원을 받는 중국의 조선업이 빠르게 성장하고 있어서 선박 수주 경쟁은 더욱 치열해지고 있다. 여기에 철강재 등 원자재 값이 상승하여 가격 경쟁에서도 어려움이 많아지고 있다.

이에 높은 기술력과 가격이 높은 고부가가치 선박이 주목받고 있다. 더욱이 해양 환경을 보호하기 위해 2020년부터 선박 기름의 황산화물을 규제하여 청정 연료인 LNG(액화천연가스) 선박이 늘어날 것으로 예상된다. 앞으로 조선업은 친환경 선박이나 고효율 선박과 같은 '에코십(eco-ship)' 중심으로 변화할 것으로 전망되며, 이 분야의 조선공학 기술자의 수요는 증가할 것이다. 전반적으로 봤을 때 당분간 조선공학 기술자의 수요는 현 상태를 유지하거나 다소 줄어들 전망이다.

 무인 선박

무인 선박이란 무인 자동차나 무인 비행기처럼 선원 없이 운항하는 선박으로서 육지에서 원격으로 조정되는 것에서 발전하여 조정 없이 자율운항을 할 수 있도록 개발되고 있다. 그래서 무인 자율운항 선박, 인공지능 자율주행 선박이라고도 한다. 노르웨이에서는 2020년에 실제 운항을 목표로 개발중이다.

무인 선박은 전기로 움직여 탄소배출이 없고 폐연료도 나오지 않는 친환경 선박이다. 이와 함께 선원이 없어 연간 유지비용이 90% 정도 절약되는 장점이 있다. 다만 무인 선박은 바다 한 가운데에서 고장이나 사고가 날 경우 대처하기가 어렵고, 육지에 비해 바다는 파도와 해류, 날씨를 예측하기가 힘들어 이에 대한 대책이 필요하다.

Career
Path

조선공학 기술자

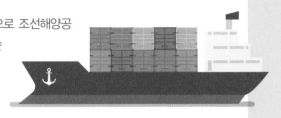

조선공학 기술자가 되기 위해서는 대학에서 일반적으로 조선해양공학과, 선박해양공학과, 조선해양시스템공학과, 조선해양 플랜트공학과 등을 전공한다. 조선공학에는 기계, 전자, 재료 등 다양한 공학 분야가 포함되어 있어 기계공학과나 전자공학 등을 전공해도 조선공학 기술자를 할 수 있지만 조선해양공학을 전공하면 선박을 좀 더 체계적이고 깊이 있게 연구할 수 있어 도움이 많이 된다.

대학에서 기초과학과 역학을 기본으로 선박과 해양 구조물의 설계 및 시공, 관리, 보존 등을 배우고, 졸업을 하면 조선소, 조선 관련 중공업 회사, 선박 검사 및 품질 인증을 하는 선급, 공공기관 등에 취업을 할 수 있다.

연구 개발과 같은 일을 하려면 대학원에 진학하여 석사 이상의 과정을 통해 전문적인 지식을 배워야 한다. 석·박사 과정을 거치면 정부출연 연구기관, 민간 연구소 등에서 일을 할 수 있다.

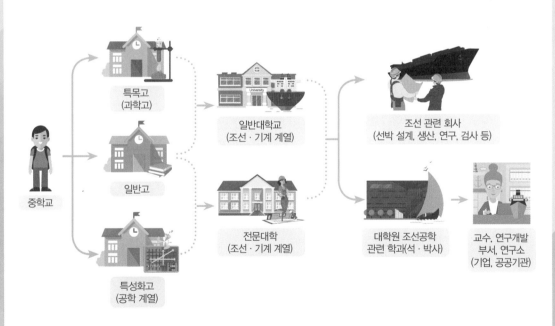

🔵 조선공학 기술자의 커리어 패스

조선해양공학과

학과 소개

조선해양공학은 배와 같은
물체가 물에서 받는 힘에 대해 다루는
유체역학과 구조물이 힘을 받았을 때 생기는
변화를 다루는 구조역학을 바탕으로 선박과 해양
플랜트와 같은 조선해양 구조물에 대해 연구하고
이를 응용하는 학문이다.
조선해양공학과에서는 기초과학과 기계, 전자,
전기 등 다양한 공학 이론을 바탕으로 더 나은
조선해양구조물을 설계하고 연구하는
전문가를 양성하는 학과이다.

진출 직업

선체설계 기술자, 선실설계
기술자, 조선기장설계 기술자,
조선의장설계 기술자, 조선배관설계 기술자,
조선유닛설계 기술자, 해양구조설계 기술자,
선박안전시스템 개발자, 선박공사 감독관,
선박검사원, 선박의장품 제조기사,
선박해양 연구원, 해군 기술장교,
공무원, 교수, 교사 등

적성 및 흥미

조선해양공학은 기본적으로
구조역학과 유체역학 등을 다루기 때문에
수학과 물리를 좋아하고 잘하면 도움이 된다.
선박과 해양에 관심이 있고 공학에 대한 이해가
있으면 좋다.
궁금한 사항이 생기면 이를 해결하기 위해
끝까지 탐구하는 자세와 열정을 지닌 학생에게
적합하다. 이와 함께 팀 작업을 하는 경우가
많아 의사소통 능력과 열린 자세를
가지는 것이 중요하다.

자격 및 면허

조선산업기사·기사, 조선기술사,
해양공학기사, 해양자원개발기사,
해양조사산업기사, 해양환경기사,
해양기술사, 선체건조기능사,
전산응용조선제도기능사 등

★동아리 활동★

해양이나 공학 관련 동아리 활동을
통해 전공 지식을 늘리고, 구성원들
과의 활동을 통해 협업하는 능력을
기르는 것을 추천한다.

★봉사 활동★

자원봉사 포털 등을 통해 봉사 활동
기관을 찾아 6개월 이상 지속적인 봉
사 활동을 하도록 한다.

진출 분야

★기업체★
조선소, 해양건설회사, 중공업
관련 업체, 해양구조물의 설계 및 제작회사,
조선해양 기자재 제작회사 등

★연구소★
한국해양과학기술원, 한국조선해양기자재연구원,
선박해양 관련 연구소, 국방과학연구소 등

★정부 및 공공기관★
해양수산부, 석유개발공사, 해군, 방위사업청 등

★학계·교육계★
특성화고등학교, 대학 등

★기타★
선급협회

★독서 활동★

해양, 공학, 컴퓨터와 관련한 책을 통
해 전공 지식을 쌓고, 이와 함께 인문
학 등 다양한 분야의 책을 통해 사고
를 확장하는 것을 권장한다.

★교과 공부★

수학, 과학, 물리 교과 실력 향상에 힘
쓰고, 수업시간에 모둠 활동 등을 통
해 협업 능력을 키운다.

관련 학과

조선해양공학부, 선박해양공학과,
조선해양시스템공학과, 조선해양
플랜트공학과, 기계조선융 합공학과,
산업조선해양공학부, 해양기술학부,
기계공학과 등

★교외 활동★

해양과 관련하여 다양한 진로체험을
하고 대학에서 진행하는 전공 관련
진로 프로그램에 참여하면 좋다.

※ 수학, 과학, 물리 교과 수상 경력이나 과학탐구대
회 등의 수상 실적이 도움이 된다.

참고 문헌

- 강민정 외, 2015~2020년 건설산업 수요 전망, 한국고용정보원, 2016.
- 곽동훈 외, 잡아라 미래직업 100, 스타리치북스, 2015.
- 권은옥 외, 청소년이 꼭 알아야 할 IT 미래직업, 콘텐츠하다, 2016.
- 김동규 외, 2017 한국직업전망, 한국고용정보원, 2016.
- 김범수 외, 대학전공별 진로가이드(체육학), 한국고용정보원, 2015.
- 김상호, 유망 직업 백과, 노란우산, 2015.
- 김선홍 외, 스포츠잡 알리오, 북마크, 2016.
- 김영호 외, 대학전공별 진로가이드(지리교육학), 한국고용정보원, 2015.
- 김중진 외, 2017 직종별 직업사전(화학 관련직, 섬유 및 의복 관련직, 식품가공 관련직), 한국고용정보원, 2016.
- 김찬수 외, 2014 융합인재교육(STEAM) 프로그램(첨단의료기기), 한국과학창의재단, 2014.
- 김한준 외, 2015 국내외 직업 비교 분석을 통한 신직업 연구, 한국고용정보원, 2016.
- 대한산업공학회, 산업공학, 한승. 2010.
- 미래창조과학부 과학기술예측위원회, 한국과학기술기획평가원, 기술이 세상을 바꾸는 순간, 미래창조과학부, 2017.
- 미래창조과학부, '18년도 정부 R&D 투자방향 기술분야별 투자전략(기계 · 소재 분야), 미래창조과학부, 2017.
- 박영숙, 미래직업 어디까지 아니, 고래가 숨쉬는 도서관, 2015.
- 박정근 외, 전문대학 직업세계, 한국전문대학교육협의회, 2017.
- 이랑, 이 직업의 하루가 궁금해요, 더숲, 2014.
- 이자원 외, 대학전공별 진로가이드(도시 · 지역 · 지리학), 한국고용정보원, 2015.
- 장경석, KB지식비타민(자율운항선박의 현재와 미래), KB금융지주 경영연구소, 2018.
- 장혜진 외, 대학전공별 진로가이드(디자인학), 한국고용정보원, 2015.
- 최동주 외, 대학전공별 진로가이드(통계학), 한국고용정보원, 2015.
- 최진규, 학과 보고 대학 가자, 미래엔, 2017.
- 통계청, 제7차 한국표준직업분류 해설서, 통계청, 2017.
- 한국기상산업진흥원, 날씨경영 우수사례집, 기상청, 2016.
- 한국산업인력공단, 2018 국가기술자격통계연보, 한국산업인력공단, 2018.
- 한승배, 10대를 위한 직업 백과, 꿈꾸는달팽이, 2015.
- 황시원, 나는 커서 뭐가 될까, 아울북, 2013.
- 황원경 외, 2018 반려동물보고서(반려동물 연관산업 현황과 양육실태), KB금융지주 경영연구소, 2018.

참고 사이트

- 어디가 | www.adiga.kr
- 동아사이언스 멘토 | mentor.dongascience.com
- 디라이브러리 | dl.dongascience.com
- 워크넷 | www.work.go.kr
- 프로칼리지 | www.procollege.kr
- 커리어넷 | www.career.go.kr
- Q-net | www.q-net.or.kr

 이미지 출처

- 게티이미지뱅크 | www.gettyimagebank.com
- 아이클릭아트 | www.iclickart.co.kr
- 71쪽 | 비파괴검사 | www.directindustry.com/prod/proceq/product-7242-1752034.html
- 73쪽 | 비파괴검사 | ntexcal.com/wp-content/uploads/2015/09/Ultrasonic_pipeline_test.jpg
- 74쪽 | 비파괴검사 | www.ccindt.com/ultrasonic-testing-services.php

10대를 위한 홀랜드 유형별 유망 직업 사전

01 실재형(R)

초판 1쇄 발행 2019년 6월 25일

저　　자 | 이영석, 강서희, 오규찬, 오지연, 한승배, 현선주
발 행 인 | 신재석
발 행 처 | ㈜ 삼양미디어
등록번호 | 제10-2285호
주　　소 | 서울시 마포구 양화로 6길 9-28
전　　화 | 02-335-3030
팩　　스 | 02-335-2070
홈페이지 | www.samyangℳ.com
I S B N | 978-89-5897-374-4(44300)
　　　　　 978-89-5897-373-7(44300)(6권 세트)